EVERYDAY
ENGLISH-RUSSIAN
CONVERSATIONS

BY

LEONID KOSSMAN

TWO VOLUMES BOUND AS ONE

DOVER PUBLICATIONS, INC.
Mineola, New York

Bibliographical Note

This Dover edition, first published in 1997, is an unabridged republication in one volume of the following works originally published by the author in separate volumes: *Everyday Dialogues: English-Russian Conversation Guide* (1989) and *Everyday Dialogues: English-Russian Conversation Guide, Book 2* (1991).

Library of Congress Cataloging-in-Publication Data

Kossman, Leonid.
    [Everyday dialogues]
    Everyday English-Russian conversations / by Leonid Kossman.
        p.   cm.
    "Unabridged republication in one volume of the following works originally published in separate volumes: Everyday dialogues : English-Russian conversation guide (1989) and Everyday dialogues : English-Russian conversation guide, Book 2 (1991)"—CIP data.
    Includes bibliographical references and index.
    ISBN 0-486-29877-9 (pbk.)
    1. English language—Conversation and phrase books—Russian. I. Title.
PE1129.S4K644   1997
428.3'49171—dc21
                                             97-44464
                                                 CIP

Manufactured in the United States of America
Dover Publications, Inc., 31 East 2nd Street, Mineola, N.Y. 11501

LEONID KOSSMAN

EVERYDAY DIALOGUES

ENGLISH-RUSSIAN
CONVERSATION GUIDE

БЫТОВЫЕ ДИАЛОГИ

АНГЛО-РУССКИЙ
РАЗГОВОРНИК

CONTENTS:

Getting Acquainted 7
Asking for Directions 9
Riding the Bus 12
Looking for an Apartment 14
At the Supermarket 16
Shopping for Clothing 19
A Job Vacancy 22
Business Calls 24
Preparing a Resume 27
Preparing for a Job Interview 30
At the Post Office 33
Opening a Savings Account 36
Opening a Checking Account 39
Buying on Credit 41
Inquiring about an Auto Loan 44
At the Gas Station 47
Buying a Car 49
Inquiring about a Co-op Loan 51
Telephone Information 54
Toll-free Telephone Calls 56
The Weather 59
Repairing Things 61
At the Drug Store 64
At the Dentist's Office 67
At the Doctor's Office 69
Doctors on Call 72
Discussing Nutrition Problems 74
Making Reservations 76
    I. Airplane Reservations 76
    II. Booking Train Tickets 77
    III. Hotel Reservations 78
    IV. Concert Reservations 80
At a Hotel 81
At a Restaurant 83
At the Library 86
Appendix: American Business Correspondence 89

СОДЕРЖАНИЕ:

Познакомимся 7
Как спросить дорогу 9
Поездка на автобусе 12
В поисках квартиры 14
В супермаркете 16
Покупка одежды 19
Вакантная должность 22
Деловые разговоры по телефону 24
Как составлять резюме 27
Подготовка к собеседованию для поступления на работу 30
На почте 33
Как открыть сберегательный счет в банке 36
Как открыть чековый счет в банке 39
Покупка в кредит 41
Наведение справок о получении ссуды на приобретение автомобиля 44
У бензоколонки 47
Покупка автомобиля 49
Наведение справок о ссуде на приобретение кооперативной квартиры 51
Справки по телефону 54
Бесплатные звонки по телефону 56
Погода 59
Бытовые услуги 61
В аптеке 64
У зубного врача 67
У врача 69
Вызов врача на дом 72
Обсуждаем проблемы питания 74
Как сделать предварительный заказ 76
    1. Заказываем билеты на самолет 76
    2. Заказываем железнодорожные билеты 77
    3. Заказываем номер в гостинице 78
    4. Заказываем билеты на концерт 80
В гостинице 81
В ресторане 83
В библиотеке 86
Приложение: Американская деловая переписка 89

PREFACE

This book is intended for adult Russian learners of English. It presents a series of dialogues that are customarily spoken by Americans in real life situations.

The dialogues are taken from ordinary situations of daily life — asking for directions, making telephone calls, preparing for a job interview, opening bank accounts, and many more.

Everyday Dialogues is designed as a manual for improving the Russian speakers' communication skills in modern American English. All sentences are presented in English and in Russian.

In some cases, a vocabulary section accompanies the dialogues. This structural feature is necessitated by the fact that some specific topics require additional informational units.

Because of the idiomatic nature of many American phrases and expressions, their Russian equivalents are often freely translated.

The author's intention has been to make the book a practical working manual.

It is hoped that **Everyday Dialogues** will serve all those Russian speakers who attend English language classes, as well as those students of English who prefer to improve their knowledge of spoken American English on their own.

All names and figures mentioned in **Everyday Dialogues** should be regarded only as examples.

The dialogues are followed by an **Appendix** which contains some practical guidelines and suggestions for writing resumes and business letters.

Leonid Kossman

ПРЕДИСЛОВИЕ

Эта книга предназначена для изучения английского языка говорящими по-русски. Книга содержит диалоги, встречаемые в реальных ситуациях американской жизни.

Темы диалогов взяты из быта: как спросить дорогу, как вести телефонные разговоры, как подготовиться к собеседованию для поступления на работу, как открыть банковский счет и многое другое.

Цель настоящего пособия — успешное овладение современной американской речью говорящими по-русски. Все диалоги приводятся на английском и на русском.

В некоторых случаях диалоги сопровождаются списком слов и выражений. Это обусловлено необходимостью дополнительной информации для определенных тем.

Ввиду идиоматичности многих американских выражений и словосочетаний их русские эквиваленты даются в вольном переводе.

Пособие носит чисто практический характер. Оно рассчитано на широкие круги читателей: учащихся курсов английского языка, а также на всех желающих усовершенствовать свои знания обиходно-разговорной американской речи самостоятельно.

Все имена и цифры, фигурирующие в пособии, упомянуты лишь в качестве примеров.

В Приложении даны практические советы для составления резюме и деловых писем.

Леонид Косман

GETTING ACQUAINTED

Nick: Joyce, I'd like you to meet Victor. Joyce Gold — Victor Danin.

Joyce: How do you do?

Victor: Hello. It's a pleasure to meet you.

Nick: Victor is a friend of Frank's. He arrived in New York a couple of weeks ago.

Joyce: Oh, where are you from?

Victor: I'm from Moscow.

Joyce: Moscow, USSR? You know, in America there are several towns named Moscow. Are you an immigrant or are you just visiting relatives?

Victor: I'm going to stay for good. It took me eight years to get my exit visa.

Nick: Excuse me. There are the Millers. I must say hello to them.

Joyce: How do you like America?

V: I like it very much here. But for the time being, I've a lot of problems.

J: Have you come with your family?

V: Yes, I have. With my wife and my son.

J: What are your most urgent problems?

ПОЗНАКОМИМСЯ

— Джойс, я хочу вас познакомить с Виктором. Джойс Голд — Виктор Данин.

— Здравствуйте.

— Здравствуйте. Очень приятно.

— Виктор — друг Фрэнка. Он несколько недель тому назад прибыл в Нью-Йорк.

— Откуда вы (приехали)?

— Я из Москвы.

— Из Советского Союза? Вы знаете, в Америке несколько городов носят название «Москва». Вы иммигрант или гостите у родственников?

— Я приехал сюда на постоянное жительство. Я ждал восемь лет получения выездной визы.

— Простите. Вот пришли Миллеры. Я должен с ними поздороваться.

— Вам нравится Америка?

— Мне здесь очень нравится. Но пока у меня куча забот.

— Вы здесь с семьей?

— Да. С женой и сыном.

— Какие ваши первоочередные проблемы?

V: First of all, I've to get a job.

— Прежде всего, я должен найти работу.

J: What's your occupation?

— Ваша профессия?

V: I'm an electrical engineer. My wife is a draftsperson.

— Я — инженер-электрик, моя жена — чертежница.

J: Maybe I can help you to find a job. I'm with an employment agency. Here is my card. Call me on Tuesday morning if it's convenient for you.

— Может быть, я сумею вам помочь найти работу. Я работаю в агентстве по трудоустройству. Вот моя визитная карточка. Позвоните мне во вторник утром, если вам удобно.

V: What's the best time to call you?

— В какое время лучше всего вам позвонить?

J: After 10 A.M.

— После 10 часов утра.

V: Thank you so much. I will certainly call you.

— Большое спасибо. Я непременно вам позвоню.

J: Your English sounds fine.

— Вы хорошо говорите по-английски.

V: Americans usually say that. They are just polite.

— Американцы обычно это говорят. Они просто вежливы.

J: We want to encourage you. You explain things pretty well. You are going to make it — no doubt.

— Мы хотим вас подбодрить. Вы можете хорошо выразить свою мысль. Не сомневаюсь, что вы добьетесь своего.

V: Thank you. You are very kind.

— Спасибо, вы очень любезны.

J: It's getting late. I guess you don't have a car yet. I'd be glad to give you a ride.

— Уже поздно. Думаю, что у вас еще нет машины. Я с удовольствием подвезу вас.

V: I'd appreciate it very much.

— Очень признателен.

Useful Expressions

Полезные вражения

with pleasure	с удовольствием
I fully agree	я вполне согласен
I hope we'll meet again	надеюсь вас снова увидеть
what a pity	как жаль
whenever you like	когда вам угодно
would you be so kind...	будьте добры...
just a minute	сейчас; минутку
just a moment	сейчас; минутку
nice meeting you	(было) очень приятно познакомиться

ASKING FOR DIRECTIONS

— Pardon me, sir. Could you tell me how to get to the bus terminal (post office, city hall, library etc.)?

— Turn left (right) at the corner.

— Thank you.
— You are welcome.

* *
*

— I beg your pardon. Where's the nearest subway station (bus stop)?
— It's right down the street.
— It's three blocks from here.
— It's at the second corner.
— It's at the next corner.

* *
*

— What's the best way of getting to your place?

— Take the subway. Get off at Lincoln Center, turn right and walk two blocks.

* *
*

— Good afternoon. I'd like to ask you how to get to Brooklyn College?

КАК СПРОСИТЬ ДОРОГУ

— Простите, сэр. Не могли бы вы мне сказать, как попасть на автобусную станцию (на почту, в муниципалитет, в библиотеку и т. д.)?

— Поверните налево (направо) на следующем углу.

— Спасибо.
— Пожалуйста.

* *
*

— Простите. Где ближайшая станция метро (остановка автобуса)?
— В конце улицы.
— Три квартала отсюда.
— Через квартал.
— На ближайшем углу.

* *
*

— Как лучше всего к вам добраться?

— Поезжайте на метро. Выходите на остановке «Линкольн-центр», поверните направо и пройдите два квартала.

* *
*

— Добрый день. Я хотел бы узнать, как мне добраться до Бруклин-колледжа.

— Where are you starting from?
— At Jackson Heights.
— Roosevelt Avenue?
— That's correct.

— Take train number 7, get off at Times Square and transfer there to train number 2. Get off at the last stop.

— Is Brooklyn College within walking distance from there?
— Yes, it is.
— Thank you.
— You are welcome.

— Откуда вы едете?
— С Джексон-Хайтс.
— То есть с Рузвельт-авеню?
— Совершенно верно.

— Садитесь в поезд номер 7, доезжайте до Таймс-сквер и пересаживайтесь на поезд номер 2. Выходите на последней остановке.

— Оттуда можно добраться до Бруклин-колледжа пешком?
— Да.
— Спасибо.
— Пожалуйста.

*   *
*

Alexander can't find his way to Edward's home. Edward gives him directions on the phone.

— Hi, Alexander. Where are you? At the corner of Taylor Avenue and Duke Street? Wait there. I'll be there in five minutes.

— It's not necessary. I drove the car from New Haven. Give me the directions. I'll find my way.

— All right. Go north on Duke Street to Shore Drive. You can't miss the large supermarket there. Turn left there. Continue on Stevenson Avenue to Fourth Street. Make a right turn and go to the middle of the block. I'll wait for you in front of the house.

— I got it. See you soon, Edward.

Александр не может найти дорогу к дому Эдварда. Эдвард объясняет ему по телефону, как ехать.

— Привет, Александр! Где ты? На углу Тэйлор-авеню и Дюк-стрит? Подожди меня там. Через пять минут я там буду.

— Не нужно. Я на машине, еду из Нью-Хэвена. Скажи мне, как ехать, и я сам найду дорогу к твоему дому.

— Ладно. Поезжай в северном направлении по Дюк-стрит до Шордрайв. Ты не сможешь не заметить большого супермаркета. Там поверни налево. Продолжай ехать по Стивенсон-авеню до Четвертой улицы. Поверни затем направо и поезжай до середины квартала. Я буду тебя ждать перед домом.

— Понял. До скорой встречи, Эдвард!

*   *
*

— I'm afraid we're lost.

— We'd better ask for directions.

— Okay. I'll ask at the next gas station.

Stopping in front of a gas station:
— How do we get to York Village?

— You're going west, but you should be going east.

— Should we make a U-turn?

— Yes. Make a U-turn and go straight. Then turn to the right at the traffic lights. That's interstate 95. Take interstate 95 for about 15 miles and then get off at Roundview. You can't miss your destination.

— Thank you very much.

— Боюсь, что мы едем не туда.

— Нам бы лучше спросить дорогу.

— Хорошо. Я спрошу как нам ехать около следующей бензоколонки.

Останавливаясь у бензоколонки:
— Как нам попасть в Йорк-Виллэдж?

— Вы едете на запад, а вам надо ехать в восточном направлении.

— Мы должны развернуться?

— Да. Развернитесь и поезжайте вперед. У светофора поверните направо. Это шоссе 95 (букв.: шоссе, соединяющее разные штаты). Проедете примерно 15 миль по шоссе 95, свернете с шоссе у Раундвью. Вы не сможете пропустить нужное вам место.

— Большое спасибо.

RIDING THE BUS

A: Pardon me, do the buses stop here?

B: Yes, most downtown buses stop at this corner.

A: I want to go to Washington Avenue. Can I take any bus that stops here?

B: You can take any bus except number 12. The number 12 turns off at Richmond Street.

A: How often do the buses run?

B: They are supposed to run according to the schedule that you can see over there. In fact, the buses don't always run on schedule.

A: What are the usual intervals between the bus arrivals?

B: About every fifteen minutes. You won't have to wait any longer. A bus is coming. It's number 5. You can take it.

ПОЕЗДКА НА АВТОБУСЕ

— Простите, автобусы здесь останавливаются?

— Да. Большая часть автобусов, отправляющихся в деловую часть города, останавливается здесь.

— Мне надо попасть на Вашингтон Авеню. Мне подходит любой из автобусов, которые здесь останавливаются?

— Вы можете сесть на любой из них, за исключением номера 12. Автобус номер 12 сворачивает на Ричмонд Стрит.

— Как часто ходят автобусы?

— Считается, что они придерживаются расписания, которое висит вон там (букв: которое вы можете видеть). Но фактически автобусы не всегда ходят по расписанию.

— Через какие интервалы обычно прибывают автобусы?

— Примерно каждые пятнадцать минут. Но вам уже не придется ждать. Вон идет автобус. Это номер 5. Он вам подходит (букв.: можете сесть на него).

*   *

*

B: A transfer, please. *(Driver giving a transfer).*

A: How much is the fare?
Driver: One dollar.
A: Will you accept a dollar bill?

D: No. Only exact change is accepted — coins or tokens. — Stand back from the door. Move to the rear. Let the passengers off.

A: I'm afraid of missing the public library.

D: Which one?
A: The library on Washington Avenue.

D: Okay. I'll tell you when you've to get off.
(Several minutes later).

D: Get off at the next stop. Cross the street. It's a big building. You can't miss the library there.

* *

*

Rider N: Would you point out the City Theater as we go by?

D: It's on Third Avenue. It's the next stop.

N: Thank you.
(At the stop).

D: Move along, please. There are many people waiting to get on. That's it. I'm closing the door. Another bus will be along in about five minutes.

— Пересадочный талон, пожалуйста. *(Водитель вручает пересадочный талон).*

— Сколько стоит поездка?

— Один доллар.

— Вы принимаете однодолларовые купюры?

— Нет. Принимаются только монеты без сдачи или жетоны от метро.
— Отойдите от дверей. Продвиньтесь. Не мешайте пассажирам при выходе.

— Боюсь, как бы мне не пропустить (остановку у) Публичной библиотеки.

— Какой именно?

— Библиотеки на Вашингтон Авеню.

— Ладно. Я вам скажу, когда вам надо выйти.
(Несколько минут позже).

— Выходите на следующей остановке. Перейдите затем улицу. Перед вами будет большое здание библиотеки, вы непременно его увидите.

— Вы не могли бы сказать мне (букв: указать), когда мы подъедем к городскому театру?

— Театр на Третьем Авеню. Это — следующая остановка.

— Спасибо.
(У остановки).

— Продвигайтесь, пожалуйста. Много народа ждет у входа. Хватит. Я закрываю дверь. Через пять минут прибудет другой автобус.

LOOKING FOR AN APARTMENT

M: — Oceanfront Realty. Bob Murphy speaking.

K: — Hello. My name is Igor Koltunov. I'm calling about the ad.

— Which one?
— The two-bedroom apartment. How much is the rent?

— 700 a month. You have also to pay a 700 dollar deposit that will be given back to you when you move. The agency's fee amounts to one month rent.

— Is there a lease to be signed?

— Yes, there is. It's a two-year lease.
— When can I see the apartment?

— You can see it today after three o'clock.
— What about four o'clock? Is that all right?
— Okay. I'll meet you at the apartment. 240 Beach Street, Apt. 5A.

— That's fine, thanks.

В ПОИСКАХ КВАРТИРЫ

— Агентство «Ошеанфронт» по продаже (и аренде) недвижимого имущества. Говорит Боб Мэрфи.

— Добрый день. Это — Игорь Колтунов. Я звоню в связи с вашим объявлением.
— Каким именно?
— Относительно квартиры с двумя спальнями. Сколько составляет квартирная плата?
— 700 долларов в месяц. Вы также должны внести залог в размере 700 долларов, которые будут вам возвращены, когда вы будете выезжать. Агентство взимает плату, равняющуюся сумме квартплаты за месяц.
— Арендный договор подписывается?
— Да. Договор на два года.
— Когда я могу посмотреть квартиру?
— Вы ее можете осмотреть сегодня же, после трех часов.
— В четыре часа вас устраивает?

— Хорошо. Встретимся у входа в квартиру. 240 Бич-стрит. Квартира 5-А.
— Ладно. Благодарю вас.

* *
*

M: — This is the living room.

K: — It's rather large. What about the bedrooms?

— Let's have a look at them. They have a beautiful ocean view.

— How many closets are there?

— Two clothes closets and a linen closet.

— Where is the bathroom?

(Opens the door to the bathroom).

— It has a shower and a bathtub. Now let's go to the kitchen. As you can see, it's modern. It has a new sink and stove. There's space for a dishwasher. The refrigerator is brand new. Do you like the apartment?

— Yes, I do. Unfortunately the rent is rather high.

— You won't find anything cheaper in this neighborhood.

— I'll think it over. Thank you.

— You are welcome.

*   *

*

(Two days later).

K: — I'd like to rent the apartment you showed me two days ago. Is it still available?

M: — Yes, it is.

— I'll take the apartment. I like it.

— Okay. You can sign the lease in my office.

— Вот гостиная.

— Она довольно большая. А как насчет спален?

— Давайте заглянем (в них). Из окон спален (открывается) красивый вид на океан.

— Сколько тут стенных шкафов?

— Два шкафа для одежды, один — для белья.

— А где ванная?

(М. открывает дверь в ванную).

— Имеются душ и ванна. Теперь пойдем на кухню. Как вы видите, кухня (вполне) современная. В ней новые раковина и плита. Имеется место для посудомоечной машины. Холодильник совсем новый. Вам нравится квартира?

— Да. К сожалению, квартирная плата довольно высокая.

— В этом районе вы не найдете более дешевых квартир.

— Подумаю. Спасибо.

— Пожалуйста.

(Спустя два дня).

— Я хотел бы снять квартиру, которую вы мне показывали позавчера. Она еще свободна?

— Да.

— Я снимаю квартиру. Она мне нравится.

— Хорошо. Арендный договор вы можете подписать в моем кабинете.

AT THE SUPERMARKET

Olga (a newcomer): Do you have the shopping list?

Victor (her brother): Yes, it's in my pocket. I'll get a cart. We'll shop together. We need laundry detergent.

Olga: Is the big size too expensive?

Victor: Not at all. It makes sense to buy a big box of detergent. You save about a penny for every ounce.

Olga: How come?

Victor: You've to read not only the price for the item but also the price for it by weight and volume. It's cheaper to buy big sizes, especially for staples that are used for a longer period of time.

Olga: I'll keep it in mind. What's the next on the shopping list?

Victor: Orange juice.

Olga: There are a lot of various brands of them.

Victor: The store's own brand is the least expensive one. The quality is the same, but it's a bit cheaper.

В СУПЕРМАРКЕТЕ

— У тебя есть список покупок?

— Да, он у меня в кармане. Я возьму тележку. Мы будем покупать вместе. Нам нужен детергент для стирки.

— Коробка большого размера слишком дорогая?

— Ничуть. Имеет смысл покупать большую коробку детергента. Таким путем ты экономишь по 1 центу на каждой унции.

— Как это?

— Надо обращать внимание не только на цену расфасованного продукта, но также на цену товара по весу и объему. Дешевле покупать в более крупной расфасовке, особенно если эти товары предназначены для длительного пользования.

— Я запомню это. Что там идет дальше по списку?

— Апельсиновый сок.

— Тут столько разных сортов!

— Самый дешевый сорт тот, на котором стоит марка данного магазина. Качество такое же, но цена немного ниже.

Olga: Do big supermarkets have their own brands of other things?

Victor: Yes. Always look for the store's own brands. They are cheaper.

Olga: What about apples?

Victor: Apples are in aisle eight.

Olga: How much are they?

Victor: They're 84 cents a pound.

Olga: What do we look for next?

Victor: Let's get to the meat counter.

Olga: Okay. I think we need a chicken and some veal. I'll get both items.

Victor: Don't forget to look at the date on the label.

Olga: It's February twenty third for the chicken, and twenty second — for the veal.

Victor: That's okay. Today is February nineteenth.

Olga: What does the date mean?

Victor: The date indicates the last day the store is supposed to sell this item.

Olga: Which foods are dated?

Victor: If foods are perishable, they've to be dated.

Olga: You are an experienced buyer. What else do we need?

Victor: I've to check the shopping list. We need half a pound of butter, sour cream, and eggs. Dairy products are in aisle 3.

— Большие супермаркеты производят и другие продукты своей собственной марки?

— Да. Всегда надо выбирать товары, на которых стоит марка магазина. Такие сорта дешевле.

— Как насчет яблок?

— Яблоки в восьмом ряду.

— Сколько они стоят?

— Фунт яблок стоит 84 цента.

— Что еще нам нужно?

— Пойдем к мясному прилавку.

— Хорошо. Я думаю, нам нужно купить курицу и телятину. Я возьму и то и другое.

— Не забудь посмотреть на дату на этикетке.

— Здесь указано 23-е февраля для курицы и 22-е для телятины.

— Все в порядке. Ведь сегодня 19-е февраля.

— Что значит эта дата (на этикетке)?

— На этикетке указана дата, после которой магазин не должен продавать этот продукт.

— На каких продуктах питания указывается дата?

— Дата должна быть указана на всех скоропортящихся продуктах.

— Ты опытный покупатель. Что еще нам нужно?

— Я проверю по списку. Нам нужны полфунта масла, сметана и яйца. Молочные продукты в третьем ряду.

Olga: All right. Here are the eggs. I prefer unsalted butter. Would you get it?

Victor: I got butter and sour cream. Now we've to buy coffee. That's in aisle 5.

Olga: I've cut out an ad from the paper. There are special prices they've advertised for instant coffee.

Victor: Okay. Get the coffee that was advertised. That's all we need. Let's go to the cash register.

— Хорошо. Вот яйца. Я предпочитаю несоленое масло. Возьми, пожалуйста.

— Я взял масло и сметану. Теперь мы купим кофе. Это в пятом ряду.

— Я вырезала из газеты объявление. Они рекламируют растворимый кофе по сниженным ценам.

— Возьми (банку) кофе, который указан в объявлении. Это все, что нам нужно. Теперь пойдем к кассе.

SHOPPING FOR CLOTHING

Lev Shkolnik: Can you help me, please?

Salesman: Yes, sir. What is it?

L. S.: I'm looking for a flannel suit, size 40.

S: What color do you want?

L. S.: I prefer something in gray.

S: Here's an excellent suit in gray flannel. Will you try it on?

L. S.: Yes, I will. Where is the fitting room?

S: Come this way.

L. S.: How does it look?

S: It looks great. It's exactly your size.

L. S.: How much is it?

S: This suit is on sale. It's only 115 dollars.

L. S. All right. I'll take it.

*   *

*

Saleswoman: May I help you?

Olga Rozova: Yes, I'm looking for a blouse.

S: What's your size?

O. R.: I wear size 12. Could you show me some blouses in solid color?

ПОКУПКА ОДЕЖДЫ

— Вы можете мне помочь?

— Да, сэр. В чем дело?

— Мне нужен фланелевый костюм 40-го размера.

— Какого цвета?

— Предпочтительно серого.

— Вот прекрасный костюм из серой фланели. Хотите примерить?

— Да. Где примерочная?

— Пройдите сюда.

— Как он на мне сидит?

— Прекрасно. Это как раз ваш размер.

— Сколько он стоит?

— Этот костюм продается со скидкой. Он стоит всего 115 долларов.

— Хорошо. Я его покупаю.

— Могу я вам помочь?

— Да, мне нужна блузка.

— Какой у вас размер?

— Я ношу 12-й размер. Покажите мне, пожалуйста, одноцветные блузки.

S: What colors do you want?

O. R.: Yellow and white.

S: They are over here.

O. R.: What's the material?

S: It's fifty percent cotton and fifty percent polyester.

O. R.: This white blouse looks nice. I'd like to try it on.

S: The fitting room is to your left.

O. R.: I think this blouse is all right.

S: Very well, ma'am. Will that be cash or credit card?

O. R.: I'd like to give you a check.

S: We need at least one piece of identification.

O. R.: Here is my driver's license.

S: All right. We can accept your check.

*　　　*

O. R.: These shoes are pretty. What colors do they come in?

S: Presently we have them in brown and black.

O. R.: Could you show me the black shoes in a medium heel?

S: We have them in a higher, lower, and medium heel. Just a minute. I'll bring you the pair you wanted to see.

*　　　*

Yelena Polyakova: Yesterday I bought this skirt. I'd like a refund.

— Какого цвета?

— Желтые и белые.

— Они вот здесь.

— Из какого материала (блузки)?

— Поровну из хлопка и синтетики.

— Эта белая блузка мне нравится. Я хотела бы ее примерить.

— Примерочная налево.

— Думаю, что блузка сидит хорошо.

— Очень хорошо, мадам. Вы будете платить наличными или по кредитной карточке?

— Я хотела бы выписать чек.

— Нам нужно хотя бы одно удостоверение личности.

— Вот мои водительские права.

— Хорошо. Мы примем ваш чек.

*　　　*

— Это красивые туфли. Какие цвета у вас есть?

— Сейчас у нас есть такие туфли коричневого и черного цвета.

— Вы мне можете показать черные туфли на среднем каблуке?

— Туфли этого фасона у нас есть на высоком, низком и среднем каблуке. Одну минуту. Я вам принесу пару, которую вы хотели посмотреть.

*　　　*

— Вчера я купила эту юбку. Я хотела бы вернуть ее и получить деньги.

Saleswoman: Do you have the receipt with you?

— Вы принесли чек?

Y. P.: Yes, I do.

— Да.

S: You'll get your refund in room 208, on the second floor.

— Вы получите деньги в комнате 208, на втором этаже.

A JOB VACANCY

Victor was watching TV when the telephone rang. It was his American friend Dick Jones.

Dick: Victor, I hope I'm not calling too late.

Victor: No, Dick. I was watching television. How are you?

Dick: I am fine. I'm calling you at such a late hour because there is good news for you. An hour ago, I spoke to a friend of mine. He's on the board of directors at "A & B Instrument Company". They have an immediate opening for a software programmer. They are looking for a specialist in this field. I told my friend about you. He wants to know if you can come tomorrow for an interview. You shouldn't miss this opportunity.

Victor: Dick, you are absolutely right. I agree with you completely. I realize that I should see the interviewer; but what about my job at the gas station?

Dick: Oh, come on. Don't tell them where you are going. Just tell your supervisor you have some personal business to attend to. Promise him to make up the time.

ВАКАНТНАЯ ДОЛЖНОСТЬ

Виктор смотрел телевизор, когда зазвонил телефон. Звонил его американский друг Дик Джонс.

— Виктор, ничего, что так поздно звоню?

— Конечно, нет. Я смотрел телевизионную передачу. Как дела?

— Все в порядке. Я звоню так поздно, потому что у меня для вас хорошие новости. Час тому назад я говорил с приятелем. Он — член совета директоров «Эй энд Би Инструмэнт Компани». Им срочно нужен программист. Они ищут специалиста в этой области. Я рассказал приятелю о вас. Он хочет знать, сможете ли вы завтра прийти на интервью. Вам не следовало бы упускать такую возможность.

— Вы совершенно правы, Дик. Я с вами полностью согласен. Понимаю, что мне следует пойти на интервью. Но как мне быть с моей работой на бензоколонке?

— Да бросьте вы! Не говорите им, куда вы идете. Скажите начальнику, что у вас — личные дела. Обещайте ему отработать пропущенное время.

Victor: That makes sense, Dick. But I'm a bit afraid because of my poor English.

Dick: Stop worrying about it. All you have to do is to explain your previous experience. You can do it perfectly well. You've to show your experience but not English stylistic subtleties. Even a few grammatical errors won't harm you. I'm sure you'll feel at ease with the interviewer.

Victor: I hope so. But I'm still confused about the use of English tenses. Nevertheless I've made up my mind. I'm going to see the interviewer.

Dick: Okay. Would you write down the address?

Victor: All right. I'm listening.

Dick: 620 Broadway, 25th floor. Ask for personnel. Don't leave home without your resume. Good luck.

Victor: Thank you, Dick.

— Это разумно, Дик. Но я немного боюсь этой встречи из-за моего слабого знания английского.

— Не беспокойтесь на этот счет. Единственное, что от вас требуется, — объяснить, какой у вас прежний опыт. А сделать это вы можете очень хорошо (*букв.:* прекрасно). Вам надо показать свою профессиональную опытность, а не стилистические тонкости английского языка. Даже если вы допустите несколько грамматических ошибок, вам это не повредит. Я уверен, вы будете себя чувствовать спокойно во время интервью.

— Я надеюсь. Но все же я путаю английские глагольные времена. Тем не менее я решил. Я пойду на интервью (*букв.:* собираюсь увидеть человека, проводящего интервью).

— Хорошо. Пожалуйста, запишите адрес.

— Да. Слушаю вас.

— 620 Бродвей, 25-й этаж. Спросите отдел кадров. Не забудьте взять с собой резюме. Желаю удачи!

— Спасибо, Дик.

BUSINESS CALLS

Boris Rudakov: Good morning (good afternoon). May I speak to Mr. Wood?

Secretary: He is not in right now. Who is calling, please?

B. R.: This is Boris Rudakov. I have a letter from Mr. Wood asking me to call him for an interview appointment. He has my resume.

Secretary: I see. Mr. Wood is out to lunch right now (in a meeting right now) but I expect him back very shortly.

B. R.: At what time would you suggest that I call back?

Secretary: He usually gets back to the office about two o'clock. Maybe it would be better if I have him call you. What's your telephone number?

B. R.: (718) 459-3243.

Secretary: Thank you, Mr. Rudakov. As soon as he's back, he will return your call.

B. R.: Thank you.

Secretary: Good-bye.

ДЕЛОВЫЕ РАЗГОВОРЫ ПО ТЕЛЕФОНУ

— Доброе утро (добрый день). Г-на Вуда, пожалуйста.

— В данный момент его нет на месте. Кто говорит?

— Это Борис Рудаков. Я получил письмо от г-на Вуда, в котором он меня просит связаться с ним по телефону, чтобы договориться о деловой встрече. У него мое резюме.

— Понимаю. У г-на Вуда обеденный перерыв (он на совещании), но он скоро должен прийти.

— Когда вы советуете мне позвонить ему снова?

— Он обычно возвращается в офис в два часа. Может быть, я лучше попрошу его позвонить вам. Какой ваш номер телефона?

— (718) 459-3243.

— Спасибо, г-н Рудаков. Как только он вернется, он вам позвонит.

— Спасибо.

— До свидания.

*　　*

*

Secretary: Good morning (good afternoon). Could I speak to Peter Orlov?	— Доброе утро (добрый день). Попросите, пожалуйста, Петра Орлова.
P. O.: Speaking.	— Слушаю вас.
Secretary: This is Mary Thomas of Metro Data Control. I'm Mr. Dillon's secretary. He's interested in your letter and resume and would like to see you.	— Это говорит Мэри Томас из компании Metro Data Control. Я секретарь г-на Диллона. Ваши письмо и резюме его заинтересовали, и он хотел бы с вами встретиться.
P. O.: Fine. I would like very much to speak to him.	— Очень хорошо. Я очень хотел бы поговорить с ним.
Secretary: Let's set up an interview appointment.	— Давайте договоримся о времени встречи.
P. O.: Okay.	— Хорошо.
Secretary: How about tomorrow at 10 A. M.?	— Как насчет завтрашнего дня в 10 часов утра?
P. O.: That's O. K. with me.	— Меня это вполне устраивает.
Secretary: We are located on 516 Fifth Avenue, 7th floor. Do you know how to get there?	— Наш адрес — 516 Пятая авеню, седьмой этаж. Вы знаете, как сюда добраться?
P. O.: Yes, I hope so. I guess I can take the F train. Where should I get off?	— Думаю, что знаю. Наверное, я могу доехать поездом «Ф». Где мне надо выйти?
Secretary: You should get off at 42nd Street. From there you can walk. It will take you not more than five minutes to get to our place.	— Вам надо доехать до 42-й улицы. Оттуда пойдете пешком. За пять минут вы доберетесь до нашего офиса.
P. O.: Would you mind repeating the address?	— Будьте добры, повторите, пожалуйста, адрес.
Secretary: 516 Fifth Avenue. 7th floor. Ask for personnel.	— 516 Пятая авеню. 7-й этаж. Спросите отдел кадров.
P. O.: Thank you.	— Спасибо.
Secretary: You are welcome. See you tomorrow morning.	— Пожалуйста. До завтра.

USEFUL EXPRESSIONS

Do you follow me?
Are you with me?

Will you leave a message?
Can I take a message?
I'll call you right back.
There's a telephone call for you.
Don't talk so fast.
May I use your telephone?
Please dial again.
Can you speak a bit louder? I can't
hear you.
I'll get it.
You have the wrong number.
What number are you calling?
What number did you dial?
What's your extension?

Please pick up the receiver.
I'm calling from a pay phone.
Somebody has hung up.
The telephone is out of order.
My office number is...
My home number is...
I'm returning your phone call.

ПОЛЕЗНЫЕ ВЫРАЖЕНИЯ

Вы меня слушаете?
Вы меня слушаете (т. е. вы не от-
влеклись?).
Вы хотите что-нибудь передать?
Что мне передать?
Я вам сейчас же перезвоню.
Вас просят к телефону.
Не говорите так быстро.
Можно мне позвонить от вас?
Пожалуйста, наберите номер снова.
Говорите погромче. Я вас не слышу.

Я возьму трубку.
Вас неправильно соединили.
По какому номеру вы звоните?
Какой номер вы набрали?
Какой у вас добавочный номер (те-
лефона)?
Возьмите, пожалуйста, трубку.
Я звоню из автомата.
Кто-то повесил трубку.
Телефон не работает.
Мой служебный номер...
Мой домашний номер...
Я звоню вам в ответ на ваш звонок.

PREPARING A RESUME

Jack Holden: I'm pleased to meet you, Peter. My sister Linda has often spoken about you.

Peter Dubinsky: I'm happy to meet you, Jack.

Jack: So you're a newcomer from Russia. How long have you been in New York?

Peter: I've been living here about 10 months.

Jack: Do you like living here?

Peter: Yes, I do. New York is a fascinating city.

Jack: Do you have a job?

Peter: Yes, I do. But that is a sad story. I'm an electronics engineer without American experience. Now I'm a cab driver.

Jack: Don't lose heart. Driving a cab is not what you have dreamed of. But if you have a good professional background, sooner or later you will get a job in your special field. Do you have a resume?

Peter: Yes, I do. I have it with me.

Jack: Could you show it to me? I happened to work for the personnel department of a large company.

КАК СОСТАВЛЯТЬ РЕЗЮМЕ

— Рад с вами познакомиться (букв.: рад вас встретить), Петр. Моя сестра Линда не раз говорила мне о вас.

— Я также рад с вами познакомиться, Джек.

— Итак, вы недавно прибыли сюда из России. Сколько времени вы живете в Нью-Йорке?

— Я живу здесь около 10 месяцев.

— Вам нравится здесь?

— Да. Нью-Йорк — интереснейший город.

— Вы работаете?

— Да. Но это — грустная история. Я — инженер-электронщик, но без американского опыта. Работаю в настоящее время таксистом.

— Не падайте духом. Вождение такси не то, о чем вы мечтали. Но если у вас хорошая профессиональная подготовка, вы рано или поздно найдете работу по специальности. У вас есть резюме?

— Да. Оно у меня с собой.

— Вы можете его мне показать? Я раньше работал в отделе кадров крупной компании.

Peter: Here it is.

Jack *(reading the resume):* That kind of resume won't get you a high-level job. Major companies receive about 300 resumes a week. They ignore 290 of them.

Peter: What's the reason for it?

Jack: Many job hunters stress details that don't count. In this resume of yours, these long Russian words and names are rather confusing for an American employer.

Peter: But my resume should reflect my professional experience, shouldn't it?

Jack: Yes, of course. You describe yourself as an electronics engineer. That's not enough. No doubt, you have advanced knowledge. But what is your objective? What kind of position do you want? What abilities qualify you for a job as an electronics engineer with Manhattan Electronics to name just an example? You should tell about your strengths and experiences which will let you do that job. Your strengths should be given more space. Other information could be left out.

Peter: Sometimes it is rather difficult to decide what to stress and what to leave out.

Jack: An employer's main interest is in what you can do for the company. Include information that shows that you are the right kind of person for the

— Вот оно.

(Читает резюме). — С таким резюме вы не получите квалифицированной работы. Крупные компании получают около 300 резюме в неделю. Из них 290 игнорируются.

— В чем же дело?

— Многие люди, ищущие работу, подчеркивают ненужные детали. Длинные русские слова и названия, встречающиеся в вашем резюме, могут сбить с толку американского нанимателя.

— Но мое резюме должно отражать мой профессиональный опыт, не правда ли?

— Да, конечно. Вы пишете о себе как об инженере-электронщике. Этого недостаточно. Вы, несомненно, обладаете выдающимися знаниями. Но какой цели вы добиваетесь? Какую должность вы хотите? Какие именно данные делают вас подходящим для работы в качестве инженера-электронщика, скажем, в компании «Манхэттен Электроникс»? Вы должны (в резюме) показать свой опыт и свои сильные стороны, которые позволят вам выполнять данную работу. Сильным сторонам (вашей профессиональной биографии) вы должны уделить больше места. Прочая информация может быть опущена.

— Порой довольно трудно решить, что следует подчеркивать и что надо опускать.

— Наниматель, главным образом, заинтересован в том, какую пользу вы можете принести его компании (букв.: что вы можете сделать

job. Leave out anything that might give an employer reason for passing you by.

Peter: But what about the lack of American experience? That's a serious obstacle to getting a job.

Jack: If the employer realizes that you are the right man for a particular position, he will give you an appointment. I know quite a few Russians who hold top positions. Write another kind of resume and show it to me.

Peter: Thank you so much.

Jack: You are welcome. Call me as soon as your resume is ready.

для...). Включите информацию, показывающую, что вы подходите для данной работы. Опустите все, что может склонить нанимателя к тому, чтобы проигнорировать вас.

— А как насчет отсутствия американского опыта? Это же серьезное препятствие в получении работы.

— Если наниматель поймет, что вы подходящий человек для определенной должности, он назначит вам деловую встречу. Я знаю довольно много русских, занимающих ведущие должности. Напишите новый вариант резюме и покажите мне.

— Большое спасибо.

— Пожалуйста. Позвоните мне, как только резюме будет готово.

PREPARING
FOR A JOB INTERVIEW

Jack: Now you have a reasonable resume. By reading it, your potential employer can see what abilities qualify you for a job as an electronics engineer. Your job objective is indicated. I hope your revised resume will lead to job interviews.

Peter: When thinking of an upcoming interview, I am really scared. My English is not good enough, and I don't know how to behave when being interviewed.

Jack: Before going to the interview, try to get information about the company or the job you would like to get into. For example, if you have an interview at a large electronics firm, you will make a better impression when you are familiar with articles about that company. Doing anything well takes some information. That implies to job hunting too. Any good library has books which will tell you the names of companies in industries of interest to you, as well as the names of people representing those companies.

ПОДГОТОВКА
К СОБЕСЕДОВАНИЮ
ДЛЯ ПОСТУПЛЕНИЯ НА РАБОТУ

— Теперь у вас дельное резюме. При его чтении ваш потенциальный наниматель поймет, какие именно способности делают вас подходящей кандидатурой для работы инженера-электронщика. Указано, чем вы хотите заниматься. Я надеюсь, что ваше исправленное резюме повлечет за собой ряд собеседований по поводу работы.

— Когда я думаю о том, что мне предстоит собеседование, я просто боюсь. Мой английский недостаточно хорош, и я не знаю, как себя вести во время такого собеседования.

— Прежде чем отправиться на собеседование, попытайтесь найти информацию о компании или о работе, в которых вы заинтересованы. Если у вас, например, собеседование в крупной электронной фирме, вы произведете лучшее впечатление, заранее ознакомившись со статьями об этой компании. Для того, чтобы делать что бы то ни было хорошо, нужна информация. Это относится также к поискам работы. В каждой хорошей библиотеке имеются книги, в которых вы найдете названия компаний, интересующих вас, а также имена людей, представляющих эти компании.

Peter: You are perfectly right, Jack. But how can I overcome my nervousness?

Jack: If you are well informed, your confidence is up. You are familiar with the American terminology in your field. You are an experienced specialist. People can tell when you are well prepared. You will be asked questions that you can answer easily. You won't be nervous in an upcoming interview.

Your best guide is to rely on your own common sense. There are, however, some basic rules common to most interviews.

Peter: Could you give me some examples?

Jack: When greeting the representative of the company, wait until he moves to shake hands. You should also wait until he offers you a seat.

Peter: But what about the usual questions people are asked in an interview?

Jack: The most common questions are, for instance: Why are you interested in joining our company? — Why do you feel qualified for this job? — What do you know about the company? — Do you enjoy working with others? — Are you willing to work overtime? — Tell me about your experience. — Whan can I do for you?

— Вы совершенно правы, Джек. Но как мне преодолеть свою нервозность?

— Если вы располагаете хорошей информацией, у вас будет больше уверенности в себе. Вы знакомы с американской терминологией в своей области. Вы опытный специалист. Когда человек хорошо подготовлен, другие это чувствуют. Вам зададут вопросы, на которые вы сможете легко ответить. Вы не будете нервничать на предстоящем собеседовании. Лучше всего полагаться на присущий вам здравый смысл. Но существует несколько основных правил, применимых к большинству собеседований.

— Вы можете привести несколько примеров?

— Здороваясь с представителем компании, ждите, пока он первый не протянет вам руку для пожатия. Ждите также, пока он вам не предложит сесть.

— Как насчет тех обычных вопросов, которые задаются людям во время собеседования по трудоустройству?

— Наиболее типичны такие вопросы: Почему вы заинтересованы поступить на работу в нашу компанию? — Почему вы считаете себя подходящим кандидатом на эту должность? — Что вы знаете о нашей компании? — Вам нравится работать с другими людьми? — Вы согласны работать сверхурочно? — Расскажите о своем опыте. — Чем могу вам помочь?

Peter: Are there any surprise questions?

Jack: You should anticipate such questions as: Why should I hire you? — What are your three greatest strengths for this job?

Peter: I see. These are rather tricky questions. Are there any topics I should avoid discussing with the interviewer?

Jack: In discussing your previous jobs, avoid criticizing former employers or fellow workers. Don't discuss your personal, domestic or financial problems unless you are specifically asked about them.

Peter: If I am offered a job, is it appropriate to ask questions referring to the salary?

Jack: Absolutely. You can state the salary you want, but not until the employer has introduced the subject.

Peter: I greatly appreciate your giving me this valuable information.

— А бывают вопросы, способные застать человека врасплох?

— Вам следует ожидать вопросы типа: Почему же мне нанимать вас? — Какие ваши три основные преимущества для получения этой работы?

— Понимаю. Это довольно каверзные вопросы. Обсуждения каких тем мне следует избегать во время собеседования?

— Говоря о прежних должностях, вы должны избегать критики по адресу бывших начальников или коллег. Не обсуждайте свои личные, домашние или финансовые проблемы, если вам не задали специального вопроса о них.

— Если мне предложат работу, уместно ли задать вопрос насчет жалованья?

— Вполне. Вы можете назвать желаемую сумму жалованья, но делайте это лишь после того, как наниматель затронул эту тему.

— Я вам очень признателен за ценную информацию.

AT THE POST OFFICE

Boris: Give me 100 first-class stamps, please.

Clerk: Here you are. That will be twenty five dollars. Anything else?

B: Yes, I want 20 airmail stamps for Europe.

C: Okay. Your total bill is 34 dollars.

B: May I have a receipt?

C: Of course *(gives B. a receipt).*

B: I also need airmail labels.

C: All right, sir.

B: One more question. I want to register this letter. Can I do it at your window?

C: No. Go to the second window on your right.

B: — *(at registry window).* I want to send this letter by registered mail.

C: You have to fill out this form. Do you want a return receipt?

B: What is a return receipt?

НА ПОЧТЕ

Борис: — Дайте мне, пожалуйста, сто марок для почтовых отправлений первого класса.

Клерк: — Вот, пожалуйста. С вас двадцать пять долларов. Вам (нужно) что-нибудь еще?

— Да, мне нужно 20 марок авиапочты для писем в Европу.

— Хорошо. Всего с вас 34 доллара.

— Можно получить квитанцию?

— Разумеется *(дает Борису квитанцию).*

— Мне еще нужны наклейки «авиапочта».

— Хорошо, сэр.

— У меня еще вопрос. Я хочу отправить это письмо заказным. Могу я это оформить в вашем окне?

— Нет, подойдите ко второму окну направо.

(Борис обращается в окно для отправки заказной почты). Я хочу отправить это письмо заказным.

— Вам нужно заполнить этот формуляр. Вы хотите получить уведомление о вручении?

— Что это такое — уведомление о вручении?

C: The addressee signs a receipt when he receives a registered letter or a package. This receipt is returned to you by airmail by the Post Office. A return receipt is your proof that the letter was delivered.

B: Okay. I would like to have a return receipt.

C: Then you have to fill out an additional form that looks like a post card. Come back to this window as soon as you have filled out the forms.

— Когда адресат получает заказное письмо или пакет, он расписывается. Почтовое ведомство возвращает вам уведомление воздушной почтой. Уведомление свидетельствует, что письмо действительно вручено адресату.

— Хорошо. Я хотел бы получить уведомление о вручении.

— Тогда вам нужно заполнить дополнительный формуляр в виде открытки. Как только заполните формуляры, вернитесь к этому окну.

* *

*

Boris: I would like to mail this parcel by fourth class mail.

Clerk: — What's in the parcel?

B: — Nothing but books. The parcel should be mailed by book rate.

C: — *(weighs the parcel)*. Four pounds. It would cost you $1.95.

B: — How long does it take for a parcel to arrive in San Francisco?

C: — Fourth class mail takes about 15 days to arrive.

B: — Okay *(pays for postage)*. I have a problem. I'll be out of town next week. Can you hold my mail for me at the post office? I'll pick it up when I get back.

C: — Yes, we can do that. You have to fill out this form. Bring it back to me.

Борис: — Я хотел бы отправить этот пакет четвертым классом.

Клерк: — Что в нем?

— Только книги. Этот пакет следует отправить книжным тарифом.

(Клерк взвешивает пакет) — Четыре фунта. Это вам будет стоить один доллар 95 центов.

— Через сколько дней пакет прибудет в Сан-Франциско?

— Пакеты четвертого класса доставляются в пределах 15 дней.

— Хорошо *(оплачивает пересылку)*. У меня вопрос. В течение следующей недели меня не будет в городе. Могли бы вы оставлять мою почту в почтовом отделении? Я ее заберу, когда вернусь.

— Да, можно. Вам надо заполнить формуляр. Потом верните его мне.

EXPRESSIONS	ВЫРАЖЕНИЯ
express mail	срочная почта
general delivery	до востребования
package, parcel	посылка, пакет
slot	щель (в почтовом ящике)
air letter	письмо авиа
to insure a package	застраховать посылку
addressee	адресат
sender	отправитель

OPENING
A SAVINGS ACCOUNT

Clerk: Good morning. What can I do for you?

Victor Nemirov: Good morning. I would like to open a savings account. Could you explain your policy to me?

Clerk: A small initial deposit is all it takes to open a savings acount at our bank, but if you open your account with five hundred dollars or more and keep that much at all times, there is no service charge. If you fall below the 500 dollar limit, you will be charged five dollars a month.

V. N.: I'm not sure I understand what you've said about the five-hundred-dollar limit. Could you explain that to me again?

Clerk: Of course. Our bank requires you to maintain a minimum balance of 500 dollars or more. Should your minimum balance fall below that amount, your account would be charged for five dollars a month.

V. N.: I see. That's clear enough. One more question.

КАК ОТКРЫТЬ
СБЕРЕГАТЕЛЬНЫЙ СЧЕТ
В БАНКЕ

— Доброе утро. Чем могу служить?

— Доброе утро. Я хотел бы открыть у вас сберегательный счет. Объясните мне, пожалуйста, на каких условиях это делается.

— Чтобы открыть сберегательный счет в нашем банке, нужно внести лишь небольшой первоначальный вклад. Но если вы положите на счет не менее 500 долларов, и эта сумма будет оставаться на счету постоянно, то вам не придется платить за (банковские) услуги. Если же на вашем счету окажется меньше 500 долларов, у вас будут удерживать по пять долларов в месяц.

— Я не совсем понял относительно 500-долларового минимума. Не могли бы вы объяснить мне это еще раз?

— Конечно. Наш банк требует, чтобы вы сохраняли (на счету) минимальный вклад — 500 долларов или более. Если ваш минимальный баланс окажется ниже этой суммы, с вашего счета будут снимать по пять долларов в месяц.

— Понимаю. Это ясно. Но вот еще такой вопрос...

Clerk: Go ahead.

V. N.: How does the bank know what amount to use to figure out my balance?

Clerk: Okay. That's not difficult to understand. Our computer adds all the daily figures and then divides by the number of days in your statement period. That's called your average daily balance.

V. N.: May I ask you another question?

Clerk: I'll be happy to answer your question.

V. N.: Could I get a banking card after opening an account?

Clerk: When you open an account, you'll be in touch with your money thanks to our machine services. Our machines can handle most regular teller transactions. You can make deposits, cash withdrawals, and balance inquiries with your card. The machine is at work 24 hours a day, seven days a week.

V. N.: Okay. I've made up my mind. I'd like to open a savings account with a deposit of one thousand dollars.

Clerk: Would you please fill out this application. Besides you need to write a deposit ticket for 1000 dollars. If you have any questions regarding the application, I'll be glad to assist you.

— Я слушаю.

— Как же банк знает, из какой суммы исходить при определении моего баланса?

— Понять это нетрудно. Наш компьютер суммирует все соответствующие ежедневные цифры, а затем делит полученную сумму на число дней за период вашего банковского счета. Получается то, что называется средним ежедневным балансом.

— Можно мне задать еще один вопрос?

— Я с удовольствием отвечу.

— Могу ли я после открытия счета получить карточку для банковского автомата?

— После того, как вы откроете счет, вы будете иметь доступ к своим деньгам, пользуясь нашими автоматами. Они справляются почти со всеми обычными операциями банковских служащих. Пользуясь карточкой, вы можете вносить денежные вклады, снимать и узнавать, каков ваш баланс. Автоматы работают круглые сутки, семь дней в неделю.

— Хорошо. Я уже принял решение. Я открою сберегательный счет, внеся вклад в размере тысячи долларов.

— Будьте добры, заполните эту анкету. Кроме того, вам нужно заполнить приходной ордер в связи с внесением 1000 долларов. Если у вас есть вопросы, относящиеся к заполнению анкеты, я вам охотно помогу.

V. N. *(fills out application and deposit ticket).*

Clerk: Everything is correct. Here is your passbook. The bank will pay you 5½% interest.

V. N.: Thank you for your assistance.

(Клиент заполняет анкету и приходной ордер о внесении вклада).

— Все правильно. Вот ваша сберегательная книжка. Банк будет вам платить 5½ процента годовых.

— Спасибо за помощь.

OPENING
A CHECKING ACCOUNT

Clerk: Good afternoon. May I help you?

Vladimir Melnik: Good afternoon. I'm here to open a checking account. My name is Vladimir Melnik. My wife's name is Natalya.

Clerk: Do you want a joint account with your spouse?

V. M.: Yes, I do. Tell me about your checking account policy. Is there a minimum balance required?

Clerk: If you open a checking account, you are supposed to maintain an average daily balance of 1000 dollars. As long as you keep this average balance, you won't be charged for banking services. Should you fall below the one-thousand-dollar limit, you would have to pay a service charge of six dollars a month, and each of your transactions would be charged separately.

V. M.: What is meant by transaction charge?

Clerk: You'll have to pay 25 cents for each check made out by you or your spouse, and also 25 cents for each cash withdrawal. But you can easily avoid

КАК ОТКРЫТЬ
ЧЕКОВЫЙ СЧЕТ

— Добрый день. Чем могу служить?

— Добрый день. Я к вам пришел, чтобы открыть чековый счет. Меня зовут Владимир Мельник. Имя моей жены Наталья.

— Вы хотите открыть совместный счет с вашей женой?

— Да. Расскажите мне о правилах чекового счета. Существует ли минимальный баланс?

— При открытии чекового счета предполагается, что вы сохраните средний ежедневный баланс размером в 1000 долларов за период банковского счета. Пока вы сохраняете этот средний баланс, у вас не удержат денег за обслуживание. Но если ваш счет окажется ниже тысячедолларового минимума, вам придется ежемесячно платить шесть долларов за обслуживание, и кроме того, вам надо будет оплачивать каждую банковскую операцию отдельно.

— Что имеется в виду под «платой за банковскую операцию»?

— Вам придется платить 25 центов за каждый чек, выписанный вами или вашей женой, а также 25 центов за каждое изъятие денег с банков-

paying these charges by maintaining one thousand dollars or more on your checking account.

V. M. I'd like to know how much interest you pay.

Clerk: Interest is paid if your average daily balance is over 2500 dollars. Unless you fall below 2500 dollars, you'll be paid 6½% interest. We credit the interest you've earned automatically to your account.

V. M.: I would like to open a checking account with a deposit of 1500 dollars. Is that okay?

Clerk: It is perfectly all right. You can order your check books after having filled out an application and your deposit ticket.

V. M. *(fills out application and deposit ticket):* Is anything wrong?

Clerk: Everything is correct. Now you can order your check books.

V. M.: I have a question. What are the preconditions for getting a credit card?

Clerk: You must have an income of 15,000 dollars or more.

V. M.: What proof of income will you accept?

Clerk: Either your last pay stub or a copy of your tax return. As soon as we have the necessary information, credit cards will be available to you and your wife.

V. M.: I appreciate your assistance.

— ского счета. Но вы легко можете избежать этих расходов, сохраняя по крайней мере одну тысячу долларов на вашем чековом счету.

— Мне хотелось бы узнать, сколько процентов вы платите.

— Проценты выплачивают, если средний баланс превышает 2500 долларов. Если на вашем счету будет не меньше 2500 долларов, вам полагаются 6½ процентов. Мы автоматически переводим ваши проценты на ваш счет.

— Я хотел бы открыть чековый счет внесением депозита размером в 1500 долларов. Годится?

— Все в порядке. Вы можете заказать чековые книжки, как только заполните бланк заявления и талон на депозит.

(Клиент заполняет бланк заявления и талон) — Я все правильно заполнил?

— Да, все правильно. Теперь вы можете заказать чековые книжки.

— У меня к вам еще вопрос. Каковы предварительные условия для получения кредитной карточки?

— Вы должны иметь доход не менее 15.000 долларов (в год).

— Какого рода доказательства о доходе вы признаете?

— Принесите либо корешки последнего полученного вами на работе чека, либо копию вашей налоговой декларации за прошлый год. Как только мы получим нужную информацию, мы сможем выслать кредитные карточки вам и вашей жене.

— Благодарю за помощь.

BUYING ON CREDIT

Anatoly: I'm going to buy furniture. Can I buy it on credit?

Tess *(Anatoly's American aunt):* Of course, you can. You can get a charge card from one of the large furniture stores. This is a card for credit at one store. Most large stores have their own charge cards.

A.: Where should I apply for this card?

T.: Apply directly to the store for this card.

A.: What about major credit cards?

T.: You can use Visa, Master Card, or American Express. These are cards from a bank or a credit company.

A.: Where can I use these credit cards?

T.: You can use them at many different stores, restaurants, and hotels.

A.: Where can I get an application for major credit cards?

T.: There are application forms for major credit cards at banks and at some hotels.

ПОКУПКА В КРЕДИТ

— Я собираюсь купить мебель. Могу ли я ее приобрести в кредит?

— Конечно. Вы можете получить кредитную карточку в одном из крупных мебельных магазинов. Подобная карточка обеспечивает кредит в одном определенном магазине. Большинство крупных магазинов располагают такими карточками.

— Куда я должен обратиться для получения такой карточки?

— Обращайтесь за карточкой непосредственно в соответствующий магазин.

— А как насчет общих кредитных карточек?

— Вы можете пользоваться «Визой», «Мастер-кард» или «Америкен экспресс», то есть карточками, выдаваемыми банком или кредитной компанией.

— А где принимаются эти кредитные карточки?

— Во многих магазинах, ресторанах и гостиницах.

— Куда мне обращаться за общими кредитными карточками?

— В банках и в некоторых гостиницах имеются бланки анкет для получения общих кредитных карточек.

A.: Would you tell me about various kinds of credit?

T.: There are two kinds of credit: monthly accounts and revolving accounts.

A.: What's the difference between them?

T.: Monthly accounts must be paid in full every month. You don't have to pay interest in this type of account. In a revolving account, you pay a part of the total bill. You also pay interest on the unpaid balance.

A.: How much is the interest?

T.: The interest can be as high as 20%. This means that you are paying much more than the cost of your purchase. Credit cards can be useful, but they can also be expensive.

A.: I think it depends on the card holder what kind of credit he prefers.

T.: You are perfectly right. I have several credit cards. Since I don't want to pay any interest, I pay my bills in full.

A.: Are American credit cards accepted overseas?

T.: Not all of them are acceptable there. But if you use American Express, you won't have any trouble in stores, restaurants, and hotels the world over.

— Расскажите мне о разных видах кредита.

— Существуют два вида кредита: месячные счета и счета, оплачиваемые в рассрочку.

— В чем же разница между ними?

— Месячные счета должны быть полностью оплачены в месячный срок. Пользуясь этим видом кредита, вы не должны платить проценты. По счетам, оплачиваемым в рассрочку, вы выплачиваете всю сумму по частям. Но за неоплаченную часть счета приходится вносить проценты.

— Сколько именно процентов?

— Проценты довольно высокие, вплоть до 20 процентов. Это значит, что платишь гораздо больше стоимости соответствующей покупки. Кредитные карточки — вещь полезная, но порой обходящаяся весьма дорого.

— Думаю, что выбор вида кредита зависит от самого владельца карточки.

— Вы совершенно правы. У меня несколько (разных) кредитных карточек. Но так как я не хочу платить проценты, я сразу оплачиваю счета полностью.

— Американские кредитные карточки принимаются и за рубежом?

— Не все из них принимаются. Но при пользовании «Америкен экспресс» у вас не будет никаких затруднений ни в магазинах, ни в ресторанах, ни в гостиницах разных стран мира.

A.: Thank you for the information.   — Спасибо за информацию.
T.: You are very welcome.   — Пожалуйста.

INQUIRING
ABOUT AN AUTO LOAN

Yuri Mirov: Hello. I would like to ask you for some information about your auto loan policy.

Bank clerk: Are you our bank's customer?

Y. M.: Yes, I am *(shows his banking card)*. How much could I borrow?

Clerk: You can borrow up to 25,000 dollars.

Y. M.: I need only 10,000 dollars. Is there a down payment?

Clerk: No down payment is required.

Y. M.: What is the interest rate?

Clerk: If you keep over 20,000 dollars in our bank, the interest rate is 10.9%.

Y. M.: I don't keep that much on my account.

Clerk: If you go under 20,000 dollars, the interest rate for an auto loan is 11.4%.

Y. M.: What about the term of an auto loan?

Clerk: The bank lends the money for five years. I guess you are going to buy a new car?

НАВЕДЕНИЕ СПРАВОК
О ПОЛУЧЕНИИ ССУДЫ
НА ПРИОБРЕТЕНИЕ
АВТОМОБИЛЯ

— Здравствуйте. Я хотел бы получить информацию об условиях ссуды на приобретение автомобиля.

— Добрый день. Вы клиент нашего банка?

— Да *(показывает банковскую карточку)*. Сколько я могу занять?

— Можете занять вплоть до 25.000 долларов.

— Мне нужны только 10.000 долларов. Задаток требуется?

— Задаток не требуется.

— Сколько составляет процентная ставка?

— Если на вашем банковском счету больше 20.000 долларов, процентная ставка — 10.9%.

— У меня столько нет на счету.

— Если у вас меньше 20.000 долларов, процентная ставка для ссуды на приобретение автомобиля составляет 11,4%.

— А как насчет срока уплаты ссуды?

— Банк одалживает деньги на пятилетний срок. Думаю, что вы собираетесь купить новую машину?

Y. M.: Yes, I am. But why are you asking that question?

Clerk: If a customer applies for a loan for buying a used car, he has to pay a higher interest rate — 13%. Such a loan has to be paid up in 48 months.

Y. M.: I see. As I told you, I need 10,000 dollars for buying a new car. Could you please tell me what's the total I would have to pay up?

Clerk: Just a moment. If you borrow 10,000 dollars, your total payment amounts to 13,753 dollars. Life insurance is included.

Y. M.: Is life insurance mandatory?

Clerk: Yes, it is.

Y. M.: And how much would my monthly payment be in case of a 10,000 dollar loan?

Clerk: 229 dollars.

Y. M.: Are my interest rate and monthly payment fixed for the full term of my loan?

Clerk: Yes, they are. So you don't have to worry about fluctuating interest rates.

Y. M.: One more question. Can I pre-pay my loan at any time without penalty?

Clerk: Absolutely.

Y. M.: Thank you very much for this information. Could I have a loan application for getting familiar with it?

— Да. Но почему вы мне задаете этот вопрос?

— Если клиент обращается к нам для получения ссуды на приобретение автомобиля, бывшего в употреблении, ему приходится платить, более высокие проценты — 13%. Подобная ссуда должна быть выплачена за 48 месяцев.

— Понятно. Как я вам уже сказал, мне нужны 10.000 долларов для приобретения новой машины. Могли бы вы мне назвать общую сумму, которую мне надо будет выплатить?

— Одну минуту. Если вы занимаете 10.000 долларов, то общая сумма, подлежащая уплате, составляет 13.753 долларов. Страховка жизни включена.

— Разве страховка жизни обязательна?

— Да.

— А сколько мне придется выплачивать ежемесячно при ссуде 10.000 долларов?

— 229 долларов.

— Процентная ставка и сумма ежемесячного платежа остаются постоянными в течение всего срока ссуды?

— Да, верно. Таким образом, вы не должны волноваться из-за колеблющейся процентной ставки.

— Еще один вопрос. Могу ли я досрочно выплатить ссуду, не навлекая на себя штрафа?

— Безусловно.

— Спасибо за информацию. Можно получить анкету для ознакомления?

Clerk: Of course *(passes an application to Y. M.).*

Y. M.: Thanks.

— Конечно *(передает Ю. М. анкету).*

— Благодарю.

AT THE GAS STATION

Attendant: What can I do for you?

Lev Shkolnik: Fill it up, please.

A.: I guess your car takes unleaded gas.

L. S.: That's correct.
(Attendant finishes pumping the gas).

L. S.: How much gas did it take?

A.: Eight gallons.

L. S.: Would you check the oil, please.

(Attendant checks the oil).
A.: It's below the full mark.

L. S.: Please fill it up.

L. S.: Will you wash the windshield for me?

A: Okay. Should I check the tires too?

L. S.: Please, do.

(Attendant fills the tires with air).

L. S.: How much do I owe you?

A: 11 dollars even.

L. S.: *(pays for service).* One more thing. What's the best way for me to get to interstate highway 87?

A: No problem, sir.
(Explains the way to be taken).

L. S.: Thank you. Next week I'll come again for a tune-up. I need a major one.

У БЕНЗОКОЛОНКИ

— Чем могу служить?

— Наполните бак, пожалуйста.

— Кажется, для вашей машины нужен бензин без примеси свинца.

— Совершенно верно.
(Работник бензоколонки заканчивает наполнение бензобака).

— Сколько бензина потребовалось?

— Восемь галлонов.

— Не могли бы вы проверить масло.
(Проверяет масло).

— Ниже отметки «наполнено».

— Пожалуйста, подлейте.

— Не могли бы вы вымыть ветровое стекло?

— Ладно. Шины проверить?

— Пожалуйста.

(Работник накачивает шины).

— Сколько я вам должен?

— Ровно 11 долларов.

(Клиент платит за услуги). И еще одно. Как легче попасть на межштатное шоссе 87?

— Это просто, сэр.
(Объясняет, как нужно ехать).

— Спасибо. На следующей неделе я приеду снова — отрегулировать машину. Думаю, там много работы.

A: Our mechanic will be more than happy to help you. If possible, try to make an appointment with our mechanic.

L. S.: Of course, I'll try.

USEFUL WORDS

steering wheel
wheel
engine
body
brake
front seat
back seat
flat tire
headlight
(windshield) wiper
speed
honk
pump
bumper
shock absorber
fender
muffler
tank
trunk
traffic lights
traffic sign

— Наш механик будет рад помочь вам. Если можно, постарайтесь договориться с нашим механиком о встрече.

— Конечно, я постараюсь.

ПОЛЕЗНЫЕ СЛОВА

руль
колесо
двигатель, мотор
корпус
тормоз
переднее сиденье
заднее сиденье
спущенная шина
фара
дворник
скорость
гудок
насос
буфер
амортизатор
крыло
глушитель
бак
багажник
светофор
дорожный знак

BUYING A CAR

Customer: Good morning.

Dealer: Good morning, sir. May I help you?

C: I want to buy a new car.

D: Do you have anything special in mind?

C: It shouldn't be either an expensive car or a big one.

D: I see. What about a Honda? It's a good and rather inexpensive car. One of these cars is to the right of you.

C: How much is it?

D: 6900 dollars.

C: I've got a large family. Therefore I'm looking for a mid-sized car.

D: If you are interested in a family car, the new Oldsmobile Delta 88 would be a good buy.

C: May I see it?

D: It's right this way. It's a very popular model. Let's take a look. Here we are. This car will get you an excellent gas mileage. Do you like the color?

C: Yes, dark blue is my favorite color. What special features does the car have?

ПОКУПКА МАШИНЫ

— Доброе утро.

— Добро утро, сэр. Могу я вам помочь?

— Я хочу купить новую машину.

— У вас на примете что-нибудь конкретное?

— Машина должна быть недорогая и не слишком большая.

— Понятно. Как насчет Хонды? Это хорошая и относительно недорогая машина. Одна из них стоит справа от вас.

— Сколько она стоит?

— 6900 долларов.

— У меня большая семья. Поэтому я ищу машину средней величины.

— Если вы заинтересованы в машине для всей семьи, новый Олдсмобил Дельта 88 будет хорошей покупкой.

— Можно взглянуть?

— Сюда, пожалуйста. Это очень популярная модель. Давайте посмотрим. Вот мы и пришли. На этой машине вы сэкономите на бензине. Вам нравится цвет?

— Да, темно-синий — мой любимый цвет. Какими особыми удобствами (букв.: чертами) обладает машина?

D: It has air conditioning, vinyl seat covers, and a radio.

C: Is it economical to run?

D: Absolutely. It uses lighter material in the body, and it has a new type of carburetor. Therefore your gas consumption will be cut down. Will you take a test drive to see how the car runs?

C: Okay.

(They get in, and the customer starts driving).

Several minutes later.

C: I like the car. It's comfortable. The steering and the brakes work well. What about a trade-in?

D: I can estimate your old car. If you wish, I can ask my assistant to drive it around the block. He could check out your car. He'll tell me what he thinks about a trade-in.

C: All right. There are the keys. My car is only four years old. I've not been in a single accident. I've taken good care of the car.

D: Well, let's go back to my office.

C: Let's see what kind of deal I can expect. My decision depends on the price and the trade-in. As soon as you can give me your ultimate price, I'll talk it over with my family. I definitely need a new car.

— В ней есть кондиционер, виниловые покрытия сидений и радио.

— Езда на ней будет экономна?

— Да. Корпус ее сделан из легкого материала, и в ней использован карбюратор нового типа. Поэтому потребление бензина будет снижено. Хотите попробовать поводить ее, чтобы проверить, какой у нее ход?

— Хорошо.

(Они садятся в машину, и покупатель начинает вести ее).

Через несколько минут.

— Мне нравится эта машина. Она удобная. Рулевое управление и тормоза хорошо функционируют. Как насчет обмена (старой машины на новую с доплатой)?

— Я могу подсчитать стоимость вашей старой машины. Если вы хотите, я могу попросить моего помощника поводить ее вокруг этого квартала. Он скажет мне, что он думает об обмене.

— Хорошо. Вот ключи. Моей машине только четыре года. Я не был ни в одной аварии. Я хорошо следил за машиной.

— Ладно, вернемся в мой оффис.

— Посмотрим, на какую сделку я могу рассчитывать. Мое решение зависит от цены и обмена. Как только вы сможете назвать мне вашу окончательную цену, я обсужу это с моей семьей. Определенно мне нужна новая машина.

INQUIRING ABOUT A CO-OP LOAN

Peter Vinogradov: Hello. I'm your customer. My name is Peter Vinogradov. I've come to ask you for some information of your co-op loan policy.

Bank clerk: How much would you like to borrow?

P. V.: 120,000 dollars.

Clerk: Presently our bank offers adjustable interest rates for co-ops. Fixed rates are offered only to home buyers.

P. V.: What is the difference between an adjustable rate and a fixed rate?

Clerk: An adjustable rate mortgage is a loan where the interest may be adjusted according to prevailing market rates. If you apply for a co-op loan, your rate will be adjusted at the end of the year. Until the end of the year, you are locked into a specific rate. At the end of each year, the rate can be reassesed. Do you follow me?

P. V.: Yes, I do. What about fixed rates?

НАВЕДЕНИЕ СПРАВОК О ССУДЕ НА ПРИОБРЕТЕНИЕ КООПЕРАТИВНОЙ КВАРТИРЫ

— Здравствуйте. Я — ваш клиент. Меня зовут Петр Виноградов. Я пришел узнать об условиях предоставления ссуды на приобретение кооперативной квартиры.

— Добрый день. Сколько вы хотели бы взять взаймы?

— 120.000 долларов.

— В настоящее время наш банк предлагает в случае приобретения кооперативных квартир переменную процентную ставку. Постоянная ставка предоставляется только покупателям домов.

— В чем же разница между переменной и постоянной ставкой?

— Заем с переменной процентной ставкой (на недвижимое имущество) — это ссуда, по которой взимаемый процент регулируется в зависимости от преобладающих на рынке ставок. Если вы обращаетесь за ссудой для приобретения кооперативной квартиры, ваша процентная ставка будет уточнена в конце года. До конца года за вами закреплена текущая ставка. В конце каждого года производится перерасчет. Вам это понятно?

— Да. А как насчет постоянной ставки?

Clerk: A fixed rate mortgage is a loan where the interest rate remains the same for the entire term of the mortgage, for instance, for 15 or 30 years.

P. V.: What is the adjustable rate for a 120,000 dollar co-op loan?

Clerk: 7.625% + 2¼ points.

P. B.: Could you explain to me what a point is?

Clerk: A point is 1 percent of the amount you are borrowing.

P. V.: How much would 2¼ points be in my particular case?

Clerk: 2¼ points would equal 2,700 dollars. Once you are approved, you are locked into that rate.

P. V.: Who approves my application?

Clerk: The bank's real estate department.

P. V.: What information does the bank require for approving a co-op loan?

Clerk: Your employer will have to verify your income. Besides you'll have to submit a credit report. The bank will find out if there are any outstanding debts.

P. V.: What proof of income is required if I am self-employed?

— Заем под постоянный процент (на недвижимое имущество) — это ссуда, характеризующаяся тем, что процентная ставка не меняется в течение всего периода выплаты займа, — например, в течение 15 или 30 лет.

— Какова же переменная ставка при займе на сумму 120.000 долларов для приобретения кооперативной квартиры?

— 7,625% + 2¼ пункта.

— Объясните мне, пожалуйста, что такое «пункт»?

— Пункт — это один процент той суммы, которую вы берете взаймы.

— А сколько это составит в моем конкретном сдучае?

— В вашем случае 2¼ пункта равняются 2700 долларам. Как только ваше заявление будет одобрено, за вами будет закреплена такая процентная ставка.

— Кто выносит решение насчет моего заявления (букв.: кто одобряет мое заявление)?

— Отдел банка по недвижимому имуществу.

— Какую информацию требует банк для предоставления ссуды на приобретение кооперативной квартиры?

— Ваш работодатель должен удостоверить ваш доход. Кроме того, вам следует представить отчет о состоянии выплат по кредитным карточкам. Банк проверит, нет ли у вас просроченных долгов.

— Какой требуется документ о размере дохода, если я работаю самостоятельно?

Clerk: A copy of your recent income tax return is required.

P. V.: Thank you very much for your detailed information.

Clerk: You are welcome.

— В таком случае вам следует представить копию вашей налоговой декларации за прошлый год.

— Большое спасибо за подробную информацию.

— Пожалуйста.

TELEPHONE INFORMATION

СПРАВКИ ПО ТЕЛЕФОНУ

I.

Customer: Good afternoon. I was looking for a telephone number and couldn't find it in the directory.

Operator: — Is it a business or a residence?

— A residence.

— What's his or her full name?

— Sam Dolgin.

— What's the correct spelling of his name?

— "D" as in "David", "O" as in "Oscar", "L" as in "Lilian", "G" as in "Gloria", "I" as in "Irene", and "N" as in "Nora".

— What's the borough?

— Brooklyn.

— Do you know the street address?

— The address is: 1240 Ocean Parkway.

— The number is: (718) 763-5533.

— Can I dial direct for a collect call?

— Yes, you can just dial "0" and the number.

Клиент: — Добрый день. Я искал номер телефона, но не смог его найти в телефонной книге.

Телефонистка: Это телефон учреждения или частного лица?

— Частного лица.

— Имя и фамилия?

— Сэм Долгин.

— Как правильно пишется его фамилия?

— По буквам: Дэвид, Оскар, Лилиан, Глория, Ирина и Нора.

— Какой это район (города)?

— Бруклин.

— Вы знаете адрес?

— 1240 Ошен Парквей.

— Номер телефона следующий:

(718) 763-5533.

— Могу ли я связаться с абонентом непосредственно, если разговор будет оплачиваться им самим?

— Да, для этого вам надо сначала набрать «0», а затем сам номер.

II.

Operator: Directory Assistance. Can I help you?

Телефонистка: — Справочная. Чем могу помочь?

Customer: Can I dial direct to Munich, West Germany?

— Yes. First you dial the international code number — 011.

— What's to be done next?

— Next you dial the country code. For West Germany that's 49. The city code for Munich is 89. Then you dial the local telephone number.

— Thank you.

Клиент: — Могу ли я созвониться с Мюнхеном в Западной Германии?

— Да. Прежде всего наберите международный код — 011.

— А потом?

— Наберите код страны. В случае Западной Германии — это 49. Код города Мюнхена — 89. После этого вы можете набрать номер абонента.

— Спасибо.

III.

Operator: — May I help you?

Customer: I would like to bill my call to a third number. The number is: (212) 371-1839.

— Who is calling, please?

— Alexander is calling. Somebody should be at home.

(Operator is verifying the third number charge):

— This is AT & T. Alexander is calling from Flushing, Queens, to Washington, D. C. Would you pay for this call?

— Okay.

— Thank you.

Телефонистка: — Чем могу помочь?

Клиент: — Я хотел бы, чтобы мой разговор был оплачен другим абонентом. Номер телефона: (212) 371-1839.

— Как вас зовут?

— Александр. Кто-нибудь там должен быть дома.

(Телефонистка проверяет, согласен ли абонент платить за разговор).

— Это — AT & T. Александр звонит из Флашинга, Квинс, в Вашингтон. Вы согласны оплатить этот разговор?

— Хорошо.

— Спасибо.

TOLL-FREE
TELEPHONE CALLS

Simon: Hi, Jack. It's nice to see you. How are you?

Jack (his American friend). I'm fine. I'm glad to see you.

S: Do you have a couple of spare minutes?

J: Of course, I do.

S: Couldn't you explain to me what these "800" telephone numbers mean?

J: That's very simple, Simon. Numerous telephone numbers—mostly related to businesses or governmental offices — are "800" numbers. These numbers provide free customer service. In many other cases, companies are interested in getting new customers. If you dial an "800" number, your party will pay the bill.

S: I see. I appreciate your explanation, Jack. Next time I'll try to make use of these toll-free numbers.

J: Don't forget to dial: 1-800 —

БЕСПЛАТНЫЕ ЗВОНКИ
ПО ТЕЛЕФОНУ

— Здравствуйте, Джек. Рад вас видеть. Как поживаете?

— Хорошо. Рад вас видеть.

— У вас найдется несколько свободных минут?

— Конечно.

— Можете вы мне объяснить, что значат номера (телефона), начинающиеся с «800»?

— Это очень просто, Саймон. Многие номера телефонов — в основном, бизнесов или правительственных учреждений — начинаются с цифр «800». Позвонив по этим номерам, потребители могут получить бесплатное обслуживание. Во многих других случаях компании заинтересованы в привлечении новых клиентов. Если вы набираете номер «800», то разговор будет оплачен вашим собеседником (т. е., соответствующей компанией или правительственной инстанцией).

— Понятно. Спасибо за объяснение, Джек. В следующий раз я постараюсь воспользоваться этими номерами для бесплатных переговоров.

— Не забудьте набрать 1-800 пе-

telephone number. Good luck.

* *
*

Simon: *(calling Social Security Administration).*

Tape: You have reached the Social Security Administration. All our representatives are busy. Please hold, and the next available representative will be with you, as soon as possible.

Miller: This is Robert Miller. May I help you?

S: An hour ago, my wallet was stolen. My social security card was in it. I'd like to order a new card.

M: What's your card number?

S: The number is......

M: Your name and address?

S: Simon Chernyak. — 100 Montgomery Street, Apartment 2-E. Jersey City, New Jersey 07300.

M: May I have your telephone number?

S: (201) 637-2237.

M: We'll send you a new card. You'll get it in a week's time.

S: Thank you.

* *
*

Simon: *(calling AT & T National Service Center).*

ред номером нужного вам телефона. Желаю удачи.

* *
*

Семен *(звонит в Управление Социального Обеспечения).*

— **Лента:** Говорит Управление Социального Обеспечения. Все наши представители заняты. Пожалуйста, подождите (у телефона). Как только следующий представитель освободится, он вам ответит.

— Говорит Роберт Миллер. Чем могу помочь?

— Час тому назад у меня украли бумажник. Там была карточка социального обеспечения. Я хотел бы заказать новую карточку.

— Какой ваш номер?

— Номер:......

— Фамилия, имя и адрес?

— Саймон Черняк. 100 Монтгомери Стрит, Квартира 2-E. Джерси Сити, Нью Джерси 07300.

— Скажите, пожалуйста, как ваш номер телефона?

— (201) 637-2237.

— Мы вам вышлем новую карточку. Вы ее получите в течение недели.

— Спасибо.

* *
*

Семен *(звонит в центр обслуживания АТТ).*

At & T: Good evening. This is Mary Boyd. May I help you?

S: Good evening. Today I bought an electronic typewriter at one of your stores. I've a question.

AT & T: I'll be glad to answer it.

S: I attempted to set the page margins, but the typewriter started beeping. Evidently something was wrong.

AT & T: Page margins cannot be set closer than one inch. The typewriter will beep if you attempt to do so, or if you press the wrong margin key.

S: Thank you for your explanation.

— Добрый вечер. Говорит Мэри Бойд. Чем могу служить?

— Добрый вечер. Сегодня я купил электронную пишущую машинку в одном из ваших магазинов. У меня к вам вопрос.

— С удовольствием вам отвечу.

— Я пытался установить ширину поля на странице, но машинка начала издавать короткие гудки. Очевидно, что-то было сделано неправильно.

— Ширина полей на странице должна быть не менее одного дюйма. Машинка издает короткие гудки, если вы пытаетесь установить более узкие поля или если вы нажимаете не ту клавишу.

— Спасибо за объяснение.

THE WEATHER

A: What's the weather today?

B: The temperature has fallen again.

A: I enjoy the cold weather.

B: Don't you mind the cold?

A: Not at all. I prefer a cold winter to a hot, muggy summer.

B: I agree. After the terrible August we had last year, low temperatures are kind of refreshing.

A: In August there wasn't a breeze anywhere. There was ninety percent humidity, and the temperature stayed above ninety degrees for 15 straight days.

B: It's six o'clock now. I'll turn on the radio. Let's listen to the weather report.

Radio: As the cold front crosses the region tonight, temperatures will drop considerably. The present temperature is 26 degrees. Tonight will be partly cloudy. Tomorrow will become sunny, windy, and very cold. High 20, low 16. Strong winds from the north will bring Arctic air to the region. Snow will develop at the end of the week.

ПОГОДА

— Какая сегодня погода?

— Температура снова падает.

— Мне нравится холодная погода.

— Ты не боишься холода?

— Вовсе нет. Я предпочитаю холодную зиму жаркому влажному лету.

— Я согласен. После ужасного прошлогоднего августа низкая температура действует освежающе.

— В августе не было никакого ветерка. Влажность доходила до 90%, а температура свыше 95° сохранялась в течение 15 дней подряд.

— Сейчас шесть часов. Я включу радио. Давай послушаем сообщение о погоде.

— Ночью массы холодного воздуха пройдут через наш район, и температура значительно упадёт. Сейчас у нас 26°. Ночью будет переменная облачность. Завтра будет солнечная, ветреная и очень холодная погода. Температура от 20 до 16°. Сильный северный ветер принесёт массы арктического воздуха в наш район. К концу недели ожидается снегопад.

*   *
*

A: Did you listen to the weather forecast?

B: Yes, I did. The mild weather will continue. Scattered showers will occur tomorrow night.

A: And what about the day after tomorrow?

B: Skies will begin to clear. Drier, colder air will arrive fron the northwest. Sunny, but cold weather will prevail the day after tomorrow.

A: At this time of the year, the weather is so changeable.

— Ты слушала прогноз погоды?

— Да. Мягкая погода сохранится. Завтра вечером временами ожидается дождь.

— А как насчет послезавтра?

— Небо начнет проясняться. Более сухой и холодный воздух движется с северо-запада. Послезавтра будет преобладать солнечная, но холодная погода.

— В это время года погода часто меняется.

*   *

*

A: It's a beautiful day.

B: Yes. It's a fine day. The sun is shining.

A: It looks as if we are going to have a couple of fine days.

B: It's unusual weather for March.

A: I hope that's the beginning of spring.

B: I'm afraid the weather changes rather often. A sudden snowfall is quite possible.

— Какой прекрасный день!

— Да, хорошая погода. Яркое солнце.

— Похоже на то, что нам предстоят несколько хороших дней.

— Это необычная погода для марта.

— Я надеюсь, что это начало весны.

— Боюсь, что погода меняется слишком часто. Вполне возможен внезапный снегопад.

REPAIRING THINGS

БЫТОВЫЕ УСЛУГИ

1

A: I would like to have these shoes repaired. As you see, my heels are worn down.

— Я хотел бы починить эти туфли. Как видите, каблуки сносились.

B: Yes, new heels are to be put on.

— Да. Придется поставить новые набойки.

A: Will you repair the shoes while I wait?

— Не могли бы вы починить туфли в моем присутствии (букв.: пока я жду)?

B: I'm very busy now. You can pick up your shoes tomorrow.

— Сейчас я очень занят. Вы можете получить свои туфли завтра.

A: At what time?

— В какое время?

B: Any time.

— В любое время.

A: How much will it cost?

— Сколько это будет стоить?

B: Six dollars. What's your name, please?

— Шесть долларов. Ваша фамилия?

A: Vladimir Soloveychik.

— Владимир Соловейчик.

B: All right. Here's your slip. You'll pay tomorrow when getting the shoes.

— Хорошо. Вот квитанция. Заплатите завтра, когда будете забирать туфли.

A: Thank you.

— Спасибо.

2

Vladimir: Do you do alterations?

— Вы переделываете одежду?

Tailor: Yes, we do.

— Да.

V: I'd like to have these pants shortened.

— Я хотел бы укоротить эти брюки.

61

T: All right. How many inches?

V: Not more than two.

T: Would you try the pants on? I'd like to see them on you. Our fitting room is to the left.

V.: Okay. Just a minute.

T. *(taking measurements):* Two inches will be fine.

V.: When can I pick up the pants?

T: They will be ready on Monday.

— Хорошо, на сколько дюймов?

— На два, не больше.

— Почему бы вам не примерить брюки? — Я хочу посмотреть, как они на вас сидят. Наша примерочная налево.

— Хорошо. Одну минуту.

(измеряет) — Два дюйма достаточно.

— Когда я могу забрать брюки?

— Они будут готовы в понедельник.

3

Vladimir: Excuse me, is there a camera shop anywhere in this neighborhood?

Passerby: Turn right at the next corner. There is a camera shop. You can't miss it.

V.: Thanks.

V. *(entering the camera shop):* Good morning.

Saleswoman: Good morning. May I help you?

V.: Yes, I'd like to have this film developed and printed.

S.: Okay. Anything else?

V.: Please give me two films for this camera.

S.: Here you are. Four dollars and 35 cents.

V.: When will my pictures be ready?

S.: It will take five days. Here's your receipt.

— Простите, нет ли здесь поблизости фотомастерской?

— На следующем перекрестке поверните направо. Там находится фотомастерская; вы сразу ее увидите.

— Спасибо.

(Заходит в фотомастерскую). Доброе утро.

— Доброе утро. Чем могу служить?

— Мне нужно проявить эту пленку и отпечатать с нее снимки.

— Хорошо. Что-нибудь еще?

— Дайте мне, пожалуйста, две пленки для этой камеры.

— Получите. С вас 4 долл. 35 ц.

— Когда будут готовы снимки?

— Через 5 дней. Вот ваша квитанция.

4

A.: Do you repair shavers?

— Вы чините электробритвы?

B.: Yes, I do.

A.: Okay. I've my shaver with me. Can you fix it?

B.: When did you buy it?

A.: About five months ago.

B.: Did you keep the guarantee?

A.: No, I didn't. I lost it.

B.: Then I'll have to charge you.

A.: How much will it cost?

B.: That depends on what's wrong with it.

A.: I think the batteries are dead. They should be replaced.

B.: I've to check it. Could you come in tomorrow?

A.: All right.

— Да, чиню.

— Хорошо, я принес свою электробритву. Вы можете ее починить?

— Когда вы ее купили?

— Около пяти месяцев тому назад.

— У вас сохранилась гарантия?

— Нет, я потерял ее.

— Тогда вам придется платить (букв.: я возьму с вас).

— Сколько это будет стоить?

— Это зависит от того, в чем тут дело (букв.: что там неладно).

— Я думаю, что батарейки сели. Их нужно заменить.

— Хорошо. Я проверю (электробритву). Вы можете зайти завтра?

— Ладно.

AT THE DRUG STORE

A.: Could you fill this prescription?

B: Just a minute. I've to check if we have this in stock. Sorry. Today you can get only 37 capsules. Is that okay with you?

A: All right. When will you have the rest?

B: We owe you 23 capsules. Can you drop in the day after tomorrow?

A: Of course. I'll come the day after tomorrow if I can get the other capsules.

B: That's for sure.

A: Should I pay now or later?

B: Now will be fine. Have a seat, please. Your medication will be ready in five minutes. I'll give you a receipt. I'll indicate there that we owe you 23 capsules.

* *

*

C: Can I help you?
D: Could you give me something for a toothache?

C: I would recommend you Tylenol. It's for temporary relief of minor pain.

В АПТЕКЕ

— Вы можете дать (мне) лекарство по этому рецепту?

— Минутку. Мне надо проверить, имеется ли это (лекарство) у нас в наличии. К сожалению, сегодня могу вам отпустить лишь 37 капсул (букв: можете получить лишь...). Это вас устраивает?

— Ладно. Когда можно будет получить остальное?

— Мы вам должны 23 капсулы. Вы смогли бы зайти послезавтра?

— Конечно. Я зайду послезавтра, если смогу получить остальные капсулы.

— Это наверняка.

— Заплатить сейчас или потом?

— Предпочтительно сейчас. Садитесь, пожалуйста. Ваше лекарство будет готово через пять минут. Я вам дам квитанцию. На ней я укажу, что мы вам должны еще 23 капсулы.

— Чем могу вам помочь?
— Не могли бы вы дать мне какое-либо средство от зубной боли?

— Я вам рекомендую (взять) тайленол. Это даст вам временное облегчение при легкой боли.

64

D: Don't you have a painkiller?

C: We've plenty of them. But without a doctor's prescription you can't have it.

C: Okay. What's to be done? Please give me Tylenol, extra-strength — 50 capsules. I've to see my dentist anyway.

*   *
*

G: Good evening. What can I do for you?

H: I've a long list of things I need. Most items I can find on your shelves without any help. Please tell me only where I should look for vitamins and adhesive tapes.

G: Aisle 3 — for vitamins, aisle 2 — for adhesive tapes. Anything else?

H: Aspirin, a deodorant, shaving cream, and shampoo for my wife.

G: You'll find aspirin in aisle 1. Aspirin comes in bottles of fifty, one hundred, and two hundred tablets. In aisle 4, you can find deodorants, shampoos, and shaving creams. As to the shampoo, we have a special on a new brand.

H: Is it for oily hair?

G: Yes, it is.

J: That's the right thing for my wife. Thank you. Now I can find the items I need without any difficulties.

— Нет ли у вас более сильного болеутоляющего средства?

— У нас много подобных средств. Но без рецепта от врача вы их не можете получить.

— Ладно. Ничего не поделаешь. Дайте мне, пожалуйста, самый сильный тайленол, 50 капсул. Так или иначе надо пойти к зубному врачу.

— Добрый вечер. Чем могу помочь?

— У меня длинный список вещей, которые мне нужны. Большую часть я могу сам найти на полках, без посторонней помощи. Скажите мне, пожалуйста, где у вас витамины и пластырь (букв: где мне искать...)?

— Витамины — в третьем ряду, пластырь — во втором ряду. Еще что-нибудь?

— Аспирин, дезодорант, крем для бритья, а также шапмпунь для жены.

— Аспирин вы найдете в первом ряду. Он продается в бутылочках, содержащих 50, 100 и 200 таблеток. Разные сорта дезодорантов, шампуня и крема для бритья вы найдете в четвертом ряду. Что касается шампуня, у нас (как раз) распродажа нового сорта.

— Это шампунь для жирных волос?

— Да.

— Это как раз то, что нужно жене. Спасибо. Теперь я найду нужные мне товары без лишнего труда.

USEFUL WORDS
AND EXPRESSIONS

ПОЛЕЗНЫЕ СЛОВА
И ВЫРАЖЕНИЯ

ointment	мазь
drops	капли
iodine	йод
liquid	жидкость
lotion	лосьон
powder	пудра
soap	мыло
scented soap	душистое мыло
scissors	ножницы
comb	расческа, гребенка
hairbrush	щетка для волос
toothpaste	зубная паста
toothbrush	зубная щетка
paper towels	бумажные полотенца
nail file	пилка (для ногтей)
nail polish	лак для ногтей
polish remover	средство для снятия лака с ногтей
(razor) blade	лезвие
disposable blades	лезвия для одноразового употребления
sponge	губка
panty hose	колготки
shower cap	шапочка для душа
laxative	слабительное

AT THE DENTIST'S OFFICE

Secretary: Good morning, can I help you?

Patient: Yes, my name is Anne Pearl. I have an appointment for ten o'clock.

S: Have a seat, please. The doctor will see you soon.

P: Thank you.

S: Dr. Smith, this is Ms. Pearl.

Dentist: Hello, Ms. Pearl. Please come with me. Sit down.
(Ms. Pearl sitting down in the dentist's chair).

What's the problem?

P: I have a toothache on the left upper side.

D: How long have you had it?

P: For about three days. I have a fillling that is loose. I'm afraid it is about to drop out.

D: Let me take a look at it. Open your mouth wide, please. I'll take an X-ray.

P: Good.

D: There's a rather deep cavity on the right side of the tooth.

P: Will you have to pull the tooth?

У ЗУБНОГО ВРАЧА

— Доброе утро. Чем могу помочь?

— Меня зовут Анна Пэрл. Я записана на 10 часов.

— Садитесь, пожалуйста. Доктор вас скоро примет.

— Спасибо.

— Доктор Смит, это — мисс Пэрл.

— Здравствуйте, мисс Пэрл. Пойдемте. Садитесь, пожалуйста.
(Мисс Пэрл садится в кресло дантиста).

Что вас беспокоит?

— У меня болит зуб слева наверху.

— Как долго этот зуб вас беспокоит?

— Примерно три дня. У меня там пломба. Она шатается. Боюсь, что она вовсе выпадет.

— Давайте, я осмотрю ваш зуб. Откройте, пожалуйста, широко рот. Я сделаю рентген.

— Хорошо.

— С правой стороны у зуба довольно глубокое дупло.

— Придется удалить зуб?

D: No. I hope to save your tooth. I'll give you an injection of Novocaine.

P: Okay.

D: Now I can drill the tooth. You don't feel any pain, do you?

P: No, I don't.

D: I'd suggest that — besides the usual filling — we put a crown on your tooth. That can save it. I'll put a temporary crown there today. The permanent crown will be ready in about 10 days. Then you'll come back. Is it all right with you?

P: If you think it's the only way to save the tooth, then go ahead. I realize a crown is rather expensive. But what's to be done?

D: Okay. You can eat in two hours. Call my secretary for an appointment next week.

P: Thank you, doctor.

— Нет, надеюсь его спасти. Я вам сделаю укол новокаина.

— Ладно.

— Теперь я могу приступить к работе бормашиной. Вы не чувствуете никакой боли, не правда ли?

— Нет, не чувствую.

— Я вам предлагаю — помимо обычного пломбирования — поставить коронку (на зуб). Это может спасти зуб. Сегодня я поставлю временную коронку. Постоянная коронка будет готова через 10 дней. К этому времени вы снова придете. Согласны?

— Если вы считаете, что только таким способом можно спасти зуб, то давайте. Я понимаю, что коронка обойдется довольно дорого. Но что поделаешь?

— Хорошо. Можете есть через два часа. Позвоните моей секретарше насчет записи на прием через неделю.

— Спасибо, доктор.

AT THE DOCTOR'S OFFICE

I

Secretary: Good morning. Can I help you?

Vladimir Rozov: Good morning. My name is Rozov. I have an 11 o'clock appointment.

S: Please, take a seat. The doctor will see you soon.

V. R.: Thank you.

Doctor: Hello, Mr. Rozov. Come in, please. Sorry to have kept you waiting.

V. R.: That's all right. Did you get all the test results?

D: Yes, I got them last night. As to the tests, everything is okay. Your cardiogram is normal too.

V. R.: But what about the X-ray? Is anything wrong?

D: The X-ray shows emphysema. That's evidently the result of your heavy smoking. Your breath shortness and your cough are probably caused by the emphysema.

V. R.: Is that serious?

D: It could become extremely serious.

У ВРАЧА

— Доброе утро. Чем могу служить?

— Доброе утро. Меня зовут Розов.
— Я записан на 11 часов утра.

— Садитесь, пожалуйста. Доктор вас скоро примет.

— Спасибо.

— Здравствуйте, г-н Розов. Заходите. Простите, что заставил вас ждать.

— Ничего. Вы получили все результаты анализов?

— Да, я их получил вчера вечером. Что касается анализов, то все в порядке. Ваша электрокардиограмма также в пределах нормы.

— А что с рентгеном? Нашли что-нибудь? (букв.: что-нибудь не в порядке?)

— Рентген показывает эмфизему. Это, очевидно, результат того, что вы много курите. Ваша одышка и ваш кашель, наверно, вызваны эмфиземой.

— Это опасно? (букв.: это серьезно?)

— Это может стать очень опасным.

69

If you are worried about your health, cut out your smoking.

V. R.: Certainly, I'll try to stop smoking. What else could you advise me to do for improving my health?

D: You should do daily exercises. Eat small meals four or five times a day.

V. R.: Do I have to go to the hospital?

D: No. I'll give you a prescription. Take the pills three times a day. I want you to see me again in three weeks. Stay well.

V. R.: Thank you, doctor.

Если вас беспокоит состояние вашего здоровья, бросайте курить.

— Конечно, я постараюсь бросить курить. Какие другие меры вы можете мне посоветовать для улучшения моего здоровья?

— Вы должны ежедневно заниматься физическими упражнениями. Ешьте по-немногу четыре-пять раз в день.

— Мне придется лечь в больницу?

— Нет. Я вам выпишу рецепт. Принимайте пилюли три раза в день. Приходите снова ко мне через три недели. Будьте здоровы.

— Спасибо, доктор.

II

Doctor: What's troubling you?

Patient: I've caught a cold. I have a sore throat and a bad cough.

D: Put this thermometer under your tongue. I want to see if you have a fever. Let me see... Yes, you have a temperature. When did you first feel ill?

P: A couple of days ago.

D: Let me examine you. Take a deep breath. Now I want to test your blood pressure *(testing blood pressure)*. Your blood pressure is slightly above normal, but nothing to worry about. Any other trouble?

P: Doctor, I haven't been sleeping well.

D: I'll give you some sleeping pills. Take the tablets as prescribed — you take only one at bedtime. You must

— На что вы жалуетесь?

— Я простудился. У меня болит горло, и я сильно кашляю.

— Положите термометр под язык. Я хочу знать, нет ли у вас температуры. Посмотрим... Да, у вас повышенная температура. Когда вы почувствовали себя плохо?

— Несколько дней тому назад.

— Разрешите мне обследовать вас. Сделайте глубокий вдох. Теперь я хочу проверить ваше кровяное давление *(проверяет давление)*. Ваше кровяное давление слегка выше нормы, но нет оснований для беспокойства. На что вы еще жалуетесь?

— Доктор, я плохо сплю.

— Я вам дам (выпишу) снотворное. Принимайте эти таблетки, как указано в рецепте — одну таблетку

stay in bed for several days until your temperature has gone down. Here's a prescription for your flu. Come in again to see me in ten days.

P: Okay. Thank you, doctor.

перед сном. Несколько дней вам придется соблюдать постельный режим, пока температура не снизится. Вот рецепт от гриппа. Зайдите ко мне через десять дней.

— Хорошо. Спасибо, доктор.

USEFUL WORDS
AND EXPRESSIONS

ПОЛЕЗНЫЕ СЛОВА
И ВЫРАЖЕНИЯ

headache (s)	головная боль
dizziness	головокружение
ulcer	язва
liver disease	заболевание печени
kidney disease	заболевание почек
stomach disease	заболевание желудка
insomnia	бессонница
pneumonia	воспаление легких
heart attack	инфаркт
heart disease	заболевание сердца
stroke	инсульт
malignant tumor	злокачественная опухоль
cancer	рак
benign tumor	доброкачественная опухоль
hypertension	гипертония, высокое давление
hypotension	низкое давление
bleeding	кровотечение
pus	гной
inflammation	воспаление
cold	простуда
runny nose	насморк
hoarse voice	хрипота
sore throat	горло болит
constipation	запор
diarrhea	понос
upset stomach	расстройство желудка
heartburn	изжога
cramp	судорога
to gain weight	прибавить в весе
to lose weight	терять в весе

DOCTORS ON CALL

A: Hello. May I help you?

B: Is this the number for making arrangements for doctor house calls?

A: Yes, it is. Doctors make house calls 24 hours a day, seven days a week in all five boroughs of New York City.

B: When can I request a house call?

A: Whenever your family doctor does not have office hours, for instance, at night, or you are too sick to leave your home. In emergency cases, call 911.

B: How does your service work?

A: That's quite simple. Specially trained operators take your full name, address, phone number and a brief explanation of your problem. They then schedule you with a doctor already on house calls nearby.

B: When can I expect the doctor to arrive?

A: In most cases, expect the doctor within two hours.

B: What kind of medical services are available in my home?

ВЫЗОВ ВРАЧА НА ДОМ
Телефон для Нью-Йорка:
(718) 238-2100.

— Добрый день. Чем могу помочь?

— Можно ли по этому номеру вызвать врача на дом?

— Да. Врачей можно вызывать на дом круглосуточно, семь дней в неделю во всех пяти районах Нью-Йорка.

— Когда я могу просить о посещении врача на дому?

— В то время, когда у вашего семейного врача нет приема, напр., ночью, или вы слишком больны, чтобы выйти из дома. Для вызова скорой помощи звоните по номеру 911.

— Как ваша организация работает?

— Все очень просто. Специально обученные телефонистки запишут ваши имя и фамилию, ваш адрес, телефон и краткое изложение жалоб больного. Затем они свяжут вас с врачем, уже находящимся у больного в вашем районе.

— Когда ждать доктора?

— В большинстве случаев ждите его в течение двух часов.

— Какие медицинские услуги возможны на дому?

A: Our doctors perform examinations, prescribe medicine, give injections and recommend other required services.

B: Are such services as blood tests, electrocardiograms and X-rays available in my home?

A: Absolutely. If required, the doctor can perform these services.

B: When am I supposed to pay the doctor?

A: At the end of the doctor's visit.

B: Will the visiting doctor fill out any insurance forms required?

A: Of course, he will. Many insurance plans pay for the doctors' calls. Often we are permitted to bill insurance companies directly.

B: Is Medicare accepted by Doctors on Call?

A: You pay the doctor. He fills out the Medicare form.

B: Can you tell me more about the doctor's charge?

A: When you call for an appointment, ask our operator about our charges. They are quite reasonable, comparable to an office visit.

B: Thank you for the information.

— Наши врачи осматривают больных, выписывают им лекарства, делают уколы и рекомендуют другие необходимые процедуры.

— Производятся ли на дому такие медицинские процедуры, как, скажем, электрокардиограмма и рентген?

— Да, конечно. Если подобные процедуры необходимы, врач может их осуществить у вас на дому.

— Когда мне следует рассчитаться с врачом?

— В конце его визита.

— Заполнит ли врач, посещающий больного на дому, необходимые для медицинской страховки формы?

— Разумеется. Во многих страховках предусмотрена оплата врачей, выезжающих на дом. Часто нам разрешено предъявлять счет непосредственно страховым компаниям.

— Медикэр принимается организацией «Вызов врача на дом»?

— Вы платите врачу (за визит). Он заполняет формуляр медикэр.

— Вы можете мне более детально рассказать о гонорарах ваших врачей?

— Когда вы по телефону вызываете врача, спросите о гонораре. Стоимость визита вполне доступна, примерно такая же, как в случае посещения врача в офисе.

— Спасибо за информацию.

DISCUSSING NUTRITION PROBLEMS

Simon: I've been living in this country for more than seven years, but I don't yet understand why there is so much talk about nutrition as a growing science.

Tom (his American friend): Americans want to be healthy. But most of us have no understanding of nutrition problems.

Simon: Whenever I see my family doctor, he advises me to stick to a low cholesterol diet.

Tom: And do you follow his advice?

Simon: It's hard to stick to a diet with my busy schedule.

Tom: For your health, it's very important to get a balanced diet.

Simon: What is a balanced diet?

Tom: Adults can get a balanced diet by including foods from the four main food groups. These are: the milk group (milk, cheese, yogurt, and other dairy foods); the meat group (meat, poultry, fish, eggs, and meat alternates such as beans, lentils, and nuts); the bread group (bread, cereals, noodles etc.); and the vegetable and fruit group.

ОБСУЖДАЕМ ПРОБЛЕМЫ ПИТАНИЯ

— Я живу здесь (в Америке) уже более семи лет, но до сих пор не понимаю, почему столько говорят о развивающейся науке питания.

— Американцы хотят быть здоровыми. Но большинство из нас не разбирается в проблемах питания.

— Когда я вижу своего семейного доктора, он мне советует придерживаться диеты, содержащей мало холестерина.

— И вы следуете его совету?

— При моей занятости трудно придерживаться какой-либо диеты.

— Для вашего здоровья очень важно придерживаться рациональной диеты.

— А что такое рациональная диета?

— Рациональная диета для взрослых включает пищу из четырех основных групп питания. Вот они: молочные продукты (молоко, сыр, йогурт и другие молочные продукты); мясо-рыбные продукты (мясо, птица, рыба, яйца и мясные заменители, как напр. фасоль, чечевица и орехи); хлебная группа (хлеб, блюда из хлебных злаков, лапша и т. п.), а также овощи и фрукты.

Simon: Can people who don't eat meat or fish stay healthy?

Tom: Absolutely. By eating enough dairy foods and meat alternates, people can get essential proteins.

Simon: What about the nutritional value of canned vegetables that we buy at the supermarket?

Tom: The nutritional difference depends more on how vegetables are prepared than on whether they are bought fresh or canned.

Simon: I wonder how knowledgeable you are. You could become a professional dietitian.

Tom: It's just my hobby to read about food and health.

Simon: I was told to avoid such foods as bread or potatoes. What's your view?

Tom: By avoiding bread and potatoes, you cut out several B vitamins, vitamin C, and other nutrients.

Simon: Are extra vitamin dosages useful?

Tom: You shoudn't take more vitamins than the body needs.

Simon: Thank you for your valuable information.

— Могут люди, не употребляющие мяса или рыбы, оставаться здоровыми?

— Вполне. Необходимые (букв. существенные) белки люди получают, потребляя достаточное количество молочных продуктов и мясных заменителей.

— А как насчет питательной ценности консервированных овощей, которые мы покупаем в супермаркетах?

— Различие в питательной ценности овощей зависит в большей мере от способа их приготовления, чем от того, куплены ли они в свежем или консервированном виде.

— Я удивлен вашей осведомленностью. Вы могли бы стать профессиональным диетврачом.

— Чтение о питании и здоровье — просто мое хобби.

— Мне советовали (букв.: мне сказали) не есть (букв.: избегать) таких продуктов как хлеб и картофель. Что вы думаете об этом?

— Избегая хлеба и картофеля, вы лишаетесь нескольких витаминов группы В, витамина С и других питательных веществ.

— Повышенные дозы витаминов полезны?

— Не следует принимать больше витаминов, чем требуется организму.

— Спасибо за ценную информацию.

MAKING RESERVATIONS

КАК СДЕЛАТЬ ПРЕДВАРИТЕЛЬНЫЙ ЗАКАЗ

I

AIRPLANE RESERVATIONS

ЗАКАЗЫВАЕМ БИЛЕТЫ НА САМОЛЕТ

Travel Agents: Can I help you?

— Вам нужна помощь?

Boris Boguslavsky: I want to fly to London next week. I'd like to make reservations for a roundtrip ticket.

— Да. Я хочу полететь в Лондон на следующей неделе. Я хотел бы забронировать билеты на самолет в оба конца.

T. A.: What day are you planning to leave for London?

— Какого числа вы собираетесь (планируете) вылететь в Лондон?

B. B.: On the 12th of March.

— Двенадцатого марта.

T. A.: There are three flights to London on that day — at 10 A. M., at 8.30 and 9 P. M. Do you have any preference about the time of the day?

— В этот день имеются три рейса в Лондон — в 10 часов утра, в 8.30 и 9 часов вечера. Какое время для вас предпочтительнее?

B. B.: I'd rather leave at 9 P. M. I want to get to London early in the morning.

— Мне бы лучше вылететь в 9 часов вечера. Я хотел бы прибыть в Лондон рано утром.

T. A.: I can make a reservation for a TWA flight. Are you going to travel first class or economy?

— Я могу зарезервировать место на рейс (компании) Ти-Даблью-Эй. Вы хотите лететь первым классом или туристским?

B. B.: I prefer economy. How much will it be?

— Я предпочел бы туристский (класс). Сколько это будет стоить?

T. A.: 440 dollars.

— 440 долларов.

B. B.: Are meals and refreshments served on the flight?

— Во время полета подаются еда и напитки?

T. A.: Yes, they are.

B. B.: What's the flying time?

T. A.: Six hours.

B. B.: What's the London airport we'll arrive at?

T. A.: Heathrow Airport. How many days are you planning to stay in London?

B. B.: Seven days.

T. A.: When would you like to fly home from London?

B. B.: March 22nd.

T. A.: All right. Your name and address?

B. B.: Boris Boguslavsky. 64-42 99th Street. Rego-Park, New York 11374.

A. A.: And your telephone number?

B. B.: (718) 439-7286.

T. A.: Will you pay by credit card?

B. B.: Yes, by Master Card. Number.... Valid until January 15, 1990. When can I get my tickets?

T. A.: You'll have them two days before your departure.

— Да.

— Сколько времени длится полет?

— Шесть часов.

— В какой лондонский аэропорт мы прибудем?

— Аэропорт Хитроу. Сколько дней вы собираетесь пробыть в Лондоне?

— Семь дней.

— Когда бы вы хотели вылететь домой из Лондона?

— 22 марта.

— Хорошо. Имя и адрес?

— Борис Богуславский. 64-42 99-я Стрит, Риго Парк, Нью-Йорк 11374.

— А номер телефона?

— (718) 439-7286.

— Вы будете платить по кредитной карточке?

— Да. По «Мастеркард». Номер.... Карточка действительна до 15 января 1990 г. Когда я смогу получить билеты?

— Вы их получите за два дня до отлета.

II

BOOKING TRAIN TICKETS

Clerk: Amtrak. May I help you?

Anatoly Petrovsky: I'd like to book two roundtrip tickets to Boston.

C: Okay. When are you leaving?

A. P.: Next Sunday.

C: What time do you prefer?

ЗАКАЗЫВАЕМ ЖЕЛЕЗНОДОРОЖНЫЕ БИЛЕТЫ

— Амтрак. Вам нужна моя помощь?

— Да. Я хотел бы заказать два билета в Бостон и обратно.

— Хорошо. Когда вы выезжаете?

— В следующее воскресенье.

— Какое время вам удобнее?

A. P.: As far as I know, there is a train that leaves for Boston at 9 A. M. I'd like to go by that train.

C: Do you prefer a smoking car or a car for nonsmokers?

A. P.: A smoking car, please.

C: I'll reserve for you two tickets for the nine o'clock Sunday train.

A. P.: Roundtrip tickets?

C: Yes.

A. P.: How much is it?

C: 168 dollars.

A. P.: When does the train arrive in Boston?

C: At 11.45 A. M. Your name, please?

A. P.: Anatoly Petrovsky. Where can I get the tickets?

C: At the railroad station, window No. 9.

— Насколько я знаю, имеется поезд, который отправляется в Бостон в 9 час. утра. Я поеду этим поездом.

— Вы предпочитаете вагон для курящих или для некурящих?

— Вагон для курящих, пожалуйста.

— Я оставлю для вас два билета на 9-часовой поезд в воскресенье.

— Билеты в оба конца?

— Да.

— Сколько это стоит?

— 168 долларов.

— Когда поезд прибывает в Бостон?

— В 11 час. 45 мин. утра. Как вас зовут?

— Анатолий Петровский. Где я могу получить билеты?

— На вокзале, у окошка номер 9.

III

HOTEL RESERVATIONS

ЗАКАЗЫВАЕМ НОМЕРА В ГОСТИНИЦЕ

Embassy Hotel, Chicago: Embassy Hotel. Good morning. My name is Doris Morgan. Can I help you?

Anatoly Petrovsky: Good morning. I'm calling from New York. I'd like to have a reservation for next Monday. My name is Anatoly Petrovsky.

Doris Morgan: We have several hotels in Chicago. Which area are you interested in?

A. P.: I prefer downtown.

Гостиница Эмбэси, Чикаго. — Гостиница Эмбэси. Доброе утро. Меня зовут Дорис Моргэн. Чем могу быть полезной?

— Доброе утро. Я звоню из Нью-Йорка. Я хотел бы забронировать (номер) со следующего понедельника. Меня зовут Анатолий Петровский.

— У нас несколько гостиниц в Чикаго. Какой район вас интересует?

— Я предпочитаю центр.

D. M.: All right. Do you want a single or a double room?

A. P.: A single room, please.

D. M.: Okay, Mr. Petrovsky.

A. P.: Is it a front room or back room?

D. M.: It's a front room. But our hotel is located on a quiet street.

A. P.: What's the price of this room per night?

D. M.: Seventy dollars a night. How long do you expect to stay?

A. P.: I'll be staying for a week. Will the room be reserved for me? Okay?

D. M.: You are all set. Could I have your telephone number?

A. P.: (212) 431-2211. I'll pay by credit card.

D. M.: See you next week, Mr. Petrovsky. Thank you for calling us.

— Хорошо. Вы хотите номер на одного или на двоих?

— На одного, пожалуйста.

— Хорошо, г-н Петровский.

— Комната выходит окнами на улицу или во двор?

— Окна выходят на улицу. Но наша гостиница расположена на тихой улице.

— Сколько стоит номер на одну ночь?

— Семьдесят долларов за ночь. Как долго вы собираетесь оставаться?

— Я останусь на неделю. Номер будет забронирован за мной? Да?

— Все в порядке. Не могли бы вы дать ваш номер телефона?

— (212) 431-2211. Я заплачу по кредитной карточке.

— До встречи на следующей неделе, г-н Петровский. Спасибо, что позвонили нам.

CONCERT
TICKET RESERVATIONS

Carnegie Charge. May I help you?

Peter Grigoryev: I'd like to order two tickets for the symphony orchestra concert on Friday, December 23rd.

C. C.: There are only orchestra and several balcony seats left.

P. G.: What about the balcony seats? Can one see and hear well from there?

C. C.: These are rather good seats. Just in the center of the third row.

P. G.: Could I have a reservation for two seats on the balcony?

C. C. Yes, of course. Your credit card?

P. G.: Visa.

C. C. The information I need is: your first and last name, the number of your credit card, its expiration date, and your telephone number.

P. G.: My name is Peter Grigoryev. The Visa card number is............ It's valid until October 1, 1990. My telephone number is: (718) 379-2243. How much are the tickets?

C. C.: The price of these tickets is 15 dollars. For ordering them by telephone, there is a surcharge of 3 dollars per ticket. You'll be charged 36 dollars.

P. G. Okay. Where and when can I get the tickets?

C. C.: You'll get the tickets at the box office on the day of the concert. Try to pick them up at seven thirty.

ЗАКАЗЫВАЕМ БИЛЕТЫ
НА КОНЦЕРТ

Карнеги Холл. Прием заказов в кредит. — Чем могу помочь?

— Я хотел бы заказать два билета на концерт симфонического оркестра в пятницу 23 декабря.

— Остались только места в партере и несколько билетов на балконе.

— Как насчет мест на балконе? Оттуда хорошо видно и слышно?

— Это довольно хорошие места. Как раз в центре третьего ряда.

— Не могли бы вы оставить для меня два билета на балконе?

— Да, конечно. Ваша кредитная карточка?

— Виза.

— Мне нужна следующая информация: ваши имя и фамилия, номер кредитной карточки, срок ее действия и ваш номер телефона.

— Меня зовут Петр Григорьев. Номер кредитной карточки........ Срок действия — 1 октября 1990 г. Мой номер телефона: (718) 379-2243. Сколько стоят эти билеты?

— Стоимость этих билетов — 15 долларов. За предварительный заказ по телефону дополнительная плата по 3 доллара за билет. Общая сумма составляет 36 долларов.

— Хорошо. Где и когда я могу получить билеты?

— Вы получите билеты в кассе в день концерта. Постарайтесь получить их в семь тридцать.

AT A HOTEL

Mr. Borisov: Good afternoon. I'd like to check in.

Reception Clerk: Do you have a reservation with us?

Mr. B.: Yes, I do. I made a reservation by phone last night.

R. C.: Your name, please?

Mr. B.: Gregory Borisov from San Francisco.

R. C.: Would you spell your last name, please?

Mr. B.: "B" as in "Billy", "O" as in "Oscar", "R" as in "Robert", "I" as in "Irene", "S" as in "Sam", "O" as in "Oscar", "V" as in "Victor".

R. C.: Okay. Let me see. You have a reservation for a single room. Is that correct?

Mr. B.: Perfectly correct.

R. C.: Have you already decided how many nights to stay?

Mr. B.: At least until Wednesday. But I may stay longer than that. When should I inform you about it?

R. C: Let us know about your decision Tuesday night. You can give us a ring until 11 P. M.

Mr. B.: All right. What's the price of the room?

В ГОСТИНИЦЕ

— Добрый день. Я хотел бы зарегистрироваться.

— Вы сделали предварительный заказ?

— Да. Вчера вечером я заказал номер по телефону.

— Ваше имя?

— Григорий Борисов из Сан Франциско.

— Как пишется ваша фамилия?

— По буквам: Билли, Оскар, Роберт, Ирина, Сэм, Оскар, Виктор.

— Хорошо. Сейчас посмотрю. На ваше имя зарезервирован номер на одного. Правильно?

— Да, совершенно верно.

— Вы уже решили, сколько времени вы (у нас) пробудете?

— По крайней мере до среды. Но может случиться, что останусь дольше. Когда вам сообщить об этом?

— Сообщите о вашем решении во вторник вечером. Вы можете позвонить до 11 часов вечера.

— Хорошо. Сколько стоит номер?

R. C.: 75 dollars per night. Please fill out the registration card. Print your name and home address.

Mr. B.: Should I sign my name?

R. C.: Put you signature right here. — Okay. Will you pay cash or by credit card?

Mr. B.: By credit card. Do you need it right now?

R. C.: You can give me your credit card before checking out.

Mr. B.: By the way, what's the check-out time?

R. C.: One o'clock in the afternoon.

Mr. B.: Thank you. I have some additional questions.

R. C.: I'll be glad to answer them.

Mr. B.: What about room service?

R. C.: Room service is available from 6 A. M. to 10 P. M. You can dial your order from the telephone in your room.

Mr. B.: Where is your restaurant?

R. C.: The restaurant is on the 25th floor. We also have a coffee shop. It's right here in the lobby.

Mr. B.: Thank you for the information.

R. C.: You are welcome. A bellboy will help you with your luggage. Your room is # 1215. Enjoy your stay.

Mr. B.: Thanks.

— 75 долларов за ночь. Пожалуйста, заполните регистрационную карточку. Укажите имя и домашний адрес печатными буквами.

— Я должен расписаться?

— Поставьте свою подпись вот здесь.—Хорошо. Как вы будете рассчитываться — наличными или кредитной карточкой?

— Кредитной карточкой. Она вам нужна сию минуту?

— Вы можете мне дать свою кредитную карточку перед тем, как выпишетесь.

— Да, кстати, в какое время следует выписываться?

— В час дня.

— Спасибо. У меня к вам еще несколько вопросов.

— С удовольствием отвечу на них.

— Может ли официант обслуживать в номере?

— Доставка еды в номер возможна между 6 час. утра и 10 час. вечера. Вы можете сделать заказ по телефону из вашего номера.

— Где расположен ваш ресторан?

— Ресторан находится на 25-м этаже. У нас также есть кафе. Оно находится прямо тут в вестибюле.

— Благодарю за информацию.

— Пожалуйста. Коридорный отнесет ваш багаж. Ваш номер — 1215. Надеюсь, что вам здесь понравиться.

— Спасибо.

AT A RESTAURANT

Waiter: Good evening. Two for dinner?

Boris Boguslavsky: Yes, that's right.

Waiter: Where would you like to sit?

Boris: Could we have a table near the window, please?

Waiter: Come with me, please *(leading Boris and his wife Vera to a table for two).*

Boris: Could we have the menu?

Waiter: Certanly *(waiter brings the menu and a wine list).*

Boris: We have to make up our mind. We'll order in a few minutes.

*   *

*

Boris: Do you want an appetizer, Vera? Oysters, lox, smoked herring, or avocado?

Vera: Does it come with the dinner?

Boris: No, it's a la carte.

Vera: Let's see... the dinner includes salad, an entree, vegetables and potatoes as side dishes, a dessert, and coffee. That's more than enough.

Boris: Okay. We'll order a dinner without an appetizer. What about the en-

В РЕСТОРАНЕ

— Добрый вечер. Вас двое (на обед)?

— Да.

— Где вы хотите сидеть?

— Мы хотели бы столик около окна.

— Пойдемте со мной *(ведет Бориса и его жену Веру к столику на двоих).*

— Можно посмотреть меню?

— Конечно *(официант приносит меню и карту вин).*

— Нам надо обдумать (букв.: принять решение). Мы закажем через несколько минут.

— Ты хочешь закуску, Вера? Устрицы, семгу, копченую селедку или авокадо?

— Это включено в стоимость обеда?

— Нет, за это надо платить отдельно.

— Надо подумать... Стоимость обеда включает салат, второе блюда, гарнир из овощей и картошки, десерт и кофе. Этого больше чем достаточно.

— Хорошо, мы закажем обед без закуски. Как насчет второго блюда?

tree? What would you like — veal, roast beef, steak, or chicken?

Vera: We've had chicken at home rather often. When we eat out, I'd like to get something we don't have at home. As for me, I'd like to have a steak.

Boris: So would I.

*

*

*

Waiter: Are you ready to order now?

Boris: Yes. Can we begin with the salad?

Waiter: Certainly, sir. What kind of dressing would you like?

Boris: Just olive oil and vinegar for both of us.

Waiter: And for your entree?

Boris: Two steaks, please.

Waiter: Rare, medium, or well done?

Boris: Medium, please.

Vera: Is there a choice of vegetables and potatoes?

Waiter: No, ma'm. We serve a daily special. Today you can have mashed potatoes. The vegetable of this day is asparagus.

Boris: It's all right with me. What about you, Vera?

Vera: It's okay.

Waiter: Would you like to see the wine list?

Что ты хочешь — телятину, ростбиф, бифштекс или курицу?

— Курицу мы едим довольно часто дома. Если уж мы обедаем в ресторане, я хотела бы получить то, что мы не едим дома. Что касается меня, то я хотела бы заказать бифштекс.

— И я тоже.

*

*

*

— Теперь вы можете заказать?

— Да. Можем мы начать с салата?

— Конечно, сэр. Какую приправу вы хотите?

— Просто оливковое масло и уксус для нас обоих.

— А на второе?

— Два бифштекса, пожалуйста.

— Как приготовить — кровавый, средне- или хорошо прожаренный?

— Среднепрожаренный, пожалуйста.

— Можно выбрать (гарнир) из картофеля и овощей?

— Нет, госпожа. Мы подаем каждый день определенный гарнир. Сегодня вы можете получить картофельное пюре. Из овощей сегодня подается спаржа.

— Меня это устраивает. А тебя, Вера?

— Хорошо.

— Вы хотите посмотреть карту вин?

Boris: We'd like a carafe of Chablis.

Waiter: Fine. Will you order your dessert now?

Boris: Can we order it later?

Waiter: Of course.

— Мы хотели бы (заказать) графин шабли.

— Хорошо. Вы хотите заказать десерт сейчас?

— Можно заказать это позже?

— Конечно.

AT THE LIBRARY

Victor: I'd like to get a library card.

Librarian: Do you live in this neighborhood?

V: Yes, I do. I live at 120 Maiden Lane.

L: May I see your driver's license?

V: Sorry, I don't have it with me.

L: Do you have any other proof of address?

V: Yes, I do. Here's a letter I received from my bank a week ago. On the envelope you can see my address.

L: That's okay. Here's an application card. Fill in the front of the application. Please sign your full name.

*   *

*

V: Could you help me?

L: I'd be glad to. What is it?

V: I can't find some of the books that are listed in the catalogue.

L: Did you write down the numbers of the books you can't find?

V: Yes, I did. Here they are.

В БИБЛИОТЕКЕ

— Я хочу записаться в библиотеку.

— Вы живете в этом районе?

— Да. Я проживаю по адресу 120 Мэйден Лэйн.

— Не могли бы вы показать мне ваши водительские права?

— К сожалению, у меня нет их с собой.

— Есть ли у вас какое-либо другое подтверждение вашего адреса?

— Да. Вот письмо, которое я получил из банка неделю назад. На конверте указан мой адрес.

— Хорошо. Вот регистрационная карточка. Заполните лицевую сторону. Пожалуйста, распишитесь полностью.

— Не могли бы вы мне помочь?

— С удовоольствием. В чем дело?

— Я не могу найти кое-какие книги, указанные в каталоге.

— Вы записали номера книг, которые вы не могли найти?

— Да. Вот они.

L: Was the letter "R" in the right corner of the catalogue card?

V: Yes, it was.

L: Evidently you are looking for reference books. "R" means Reference Room.

V: I need some dictionaries.

L: You'll find them in the Reference Room. It's to the left of the main entrance.

V: What about magazines and newspapers?

L: You've to look for them in the Periodical Room. Ask there for a separate catalogue for periodicals.

V: Half a year ago, a book on Russian literature was published in England. I checked your catalogue and couldn't find it.

L: Do you know the name of the author, the title, and the publishing house?

V: Yes, I do.

L: Then you can make out this postcard. Should a branch of our library have the book you are interested in, we'll order it for you and let you know about it. That'll be twenty cents for the card, please.

* *
*

V: I wonder if you could give me some information.

L: I'd be happy to. What can I do for you?

V: I want to find a recently published history of philosophy. Where should I look for it?

— В правом углу карточки каталога значилась буква "R"?

— Да.

— Очевидно, вы ищете справочники. "R" означает справочный отдел.

— Мне нужны кое-какие словари.

— Вы их найдете в справочном отделе. Он находится налево от главного входа.

— Как насчет журналов и газет?

— Их надо искать в отделе периодических изданий. Там попросите отдельный каталог периодических изданий.

— Полгода тому назад в Англии была опубликована книга по русской литературе. Я проверил ваш каталог и не мог ее найти.

— Вы знаете имя автора, название и издательство?

— Да.

— Тогда вы можете заполнить эту открытку. Если в одном из филиалов нашей библиотеки есть интересующая вас книга, мы закажем ее для вас и дадим вам знать об этом. С вас 20 центов за открытку.

— Я хотел бы навести у вас справки.

— С удовольствием отвечу. Чем могу служить?

— Я хочу найти недавно изданную историю философии. Где мне надо ее искать?

L: These shelves to your right have our latest acquisitions in various fields. In the philosophy section, you'll certainly find the book you are looking for. The books are in alphabetical order according to the author's last name.

V: Thank you.

＊　＊

＊

V: How many books may I take out at one time?

L: You can borrow three books at one time.

V: What about the magazines?

L: Some of them are not to be lent. You've to read them at the library. Other magazines can be taken out, but not more than two at one time.

— На полках справа от вас находятся наши последние приобретения в разных областях. В отделе философии вы наверняка найдете нужную вам книгу. Книги расположены в алфавитном порядке — согласно фамилии автора.

— Спасибо.

— Сколько книг мне можно взять с собой за один раз?

— Вы можете брать на дом по три книги сразу.

— А как насчет журналов?

— Некоторые из них на дом не выдаются (букв: не одалживаются). Читать их следует в помещении библиотеки. Есть журналы, которые выдаются на дом, но не больше двух сразу.

APPENDIX

AMERICAN BUSINESS CORRESPONDENCE

ПРИЛОЖЕНИЕ

АМЕРИКАНСКАЯ ДЕЛОВАЯ ПЕРЕПИСКА

ОБЩИЕ ПРАВИЛА

Любое деловое письмо в Америке содержит четыре части. Сюда входят:

1. **Сведения об отправителе** (т. наз. "letterhead") — название фирмы или имя и фамилия частного лица, адрес и телефон. Почти все американские предприятия и официальные учреждения пользуются готовыми бланками с напечатанными наверху "letterhead". Частным лицам приходится печатать эти сведения заново на машинке.

Под "letterhead" ставится дата отправления. В письмах частных лиц эта первая часть помещается в правой стороне листа. Приведем пример:

> Joseph Stern
> 214 West 81st St., 34-A
> New York, N. Y. 10024
> Tel. (212) 424-4600
>
> March 6, 1989

2. **Вступительная часть письма** (opening) расположена слева — на несколько интервалов ниже первой части. В этой второй части делового письма указываются учреждение, фирма или частное лицо, к которым письмо обращено. Приведем пример:

Mr. Robert Smith
Director of Marketing
Furniture Center
234 Main Street
Flushing, N. Y. 11355

Как видно из приведенного примера, перед именем и фамилией адресата употребляется сокращение Mr. (а также Mrs., Ms., Miss). В первой части письма ("letterhead") избегайте употребления сокращений Mr., Mrs., Miss или Ms., ибо речь идет о вас, а себя не принято называть таким образом. Если вы не знаете фамилии адресата, рекомендуется писать: Attention (Attn.: Director of Personnel. Внимание: начальник кадров). Если в вашем

письме фигурирует "Attn...", то это следует напечатать под названием фирмы или учреждения. Целесообразно также пользоваться формулой Attention... (Attn:...) на конверте. Таким образом, вы будете уверены в том, что ваше письмо будет передано лицу, которому оно адресовано.

К вступительной части относится и обращение к адресату. Следует отступить минимум на два интервала от последней строчки адреса получателя письма. Если вы не знаете фамилии адресата, то следует, напр., писать: Dear Sir: (единств. число); Gentlemen: (множеств. число).

Иные случаи обращения к адресату (если фамилия известна):

Dear Mr. Jones:

Dear Mrs. Miller:

Dear Ms. Silberstein:

Dear Professor Lee:

Dear Dr. Richardson:

После обращения следует поставить двоеточие (в отличие от русского языка, где в этих случаях стоят восклицательный знак или запятая).

Желательно, чтобы письмо умещалось на одной странице. Следует обращать внимание на то, чтобы начало и конец письма находились на одинаковом расстоянии от верхнего и нижнего края листа (т. наз. centering). Таким образом, обращение к адресату следует поместить ниже, если текст письма короткий. Если вам надо писать письмо, которое займет большую часть страницы, то следует поместить обращение к адресату соответственно выше.

3. **Основной текст.** После обращения к адресату следует оставить перед основным текстом промежуток в два интервала. Оптимальный вариант делового письма — текст, состоящий из двух абзацев. Между абзацами следует также оставить промежуток в два интервала. Текст письма печатайте через один интервал. Если ваше письмо очень короткое (состоящее из нескольких строк), то лучше оставлять между строчками два интервала и располагать текст письма в центре листа.

4. **Заключительная часть письма** (closing). Концовка письма состоит из формулы-заверения в уважении, собственноручной подписи отправителя письма и имени и фамилии отправителя, отпечатанных на машинке.

Примеры:

1) Yours truly

John King (собственноручная подпись).

John King (отпечатано на машинке).

2) Sincerely yours

Richard White (собственноручная подпись)

Richard White (отпечатано на машинке)

3) Cordially yours

George Smirnov (подпись)

George Smirnov (отпечатано на машинке)
Vice President (должность)

Как видно из третьего примера, отправителю, занимающему в фирме или учреждении определенную должность, следует указать ее под своей фамилией.

Среди разных формул-заверений в уважении, наиболее официальными являются: yours truly или yours very truly. Менее официальными, но вполне вежливыми являются остальные формулы: sincerely yours, cordially yours.

Если вы посылаете письмо с приложением, то следует это указать: Enclosure (или Encl.).

ПИСЬМА-ЗАЯВЛЕНИЯ НА ВАКАНТНУЮ ДОЛЖНОСТЬ

Этот тип писем представляет особый интерес, поскольку в американской печати ежедневно помещаются объявления о вакантных должностях (help wanted).

Структура письма полностью соответствует основным четырем частям, которые были детально рассмотрены выше.

При составлении основного текста письма-заявления на вакантную должность надо указать дату и название газеты, где вы обнаружили соответствующее объявление. Далее надо четко и ясно указать конкретную работу, о которой шла речь в объявлении.

Проиллюстрируем сказанное двумя примерами (с последующим переводом текста).

Письмо пишет программист, прочитавший объявление в «Бостон Глоб».

Victor Freedman
105-40 66th Rd., #3-D
Forest Hills, N. Y. 11375
Tel. (718) 459-8536

February 24, 1989

Patel Consultants, Inc.
1525 Morris Avenue
Union, N. J. 07083

Dear Sir:

Your advertisement for a computer programmer in today's Boston Globe interests me very much because many years of experience have qualified me to work for a company like yours. Please consider me an applicant.

You will find additional information about my qualifications in the enclosed resume. I would appreciate your granting me an interview.

Sincerely yours,
signature
Victor Freedman

Enclosure

Уважаемый господин!

Ваше объявление о вакансии для программиста по компьютерам, помещенное в сегодняшнем номере газеты «Бостон Глоб», меня очень заинтересовало. Многолетний опыт в этой области позволяет мне считать себя компетентным для работы в вашей фирме. Рассматривайте меня, пожалуйста, претендентом на объявленную должность.

Дополнительную информацию о моей квалификации Вы найдете в прилагаемом резюме. Я был бы Вам благодарен за возможность встретиться с Вами или с Вашим представителем.

С уважением
подпись
Виктор Фридман

Приложение

Перейдем к другому случаю. Работу ищет, скажем, бухгалтер. Объявление о соответствующей вакансии было помещено в газете «Нью-Йорк таймс». Приведем англоязычный текст письма:

Maria Solovyev
2141 Starling Avenue, #401
Bronx, N. Y. 10462
Tel.: (212) 214-8998

March 12, 1989

Stephen J. Cobel & Co.
470 Eighth Avenue, Suite 302
New York, N. Y. 10018

Dear Sir:

I am writing you because of your advertisement in the Sunday, March 12, issue of The New York Times. 10 years of bookkeeping experience have qualified me to seek employment at a company like yours.

I am enclosing my resume that will inform you of my work experience as a bookkeeper. I would greatly appreciate your granting me an interview at your convenience.

Sincerely yours,
signature
Maria Solovyov

Enclosure

Уважаемый сэр!

Я обращаюсь к Вам в связи с Вашим объявлением в воскресном выпуске газеты «Нью-Йорк таймс» от 12 марта с. г.

У меня десятилетний бухгалтерский стаж. Поэтому я считаю себя подходящим кандидатом для работы в Вашей фирме.

Прилагаю резюме, которое проинформирует Вас о моем опыте в качестве бухгалтера. Была бы Вам очень благодарна, если бы Вы сочли возможным принять меня в удобное для Вас время.

С уважением
подпись
Мария Соловьева

Приложение

Если у Вас мало или совсем нет практического опыта, постарайтесь подчеркнуть в письме успехи в учёбе, академические награды и т. п.

СОСТАВЛЕНИЕ РЕЗЮМЕ

В Америке резюме играет огромную роль. Существуют бюро, специализирующиеся на составлении резюме. Хорошо составленное резюме должно давать полное представление о вашем трудовом опыте, образовании и о других деловых качествах, чтобы потенциальный работодатель мог судить о вашей квалификации. От четкости и информативности резюме во многом зависят ваши шансы быть принятым на работу.

Имея перед собой хороший образец, вы вполне можете составить резюме самостоятельно.

Резюме состоит из следующих основных частей:

1. Имя, фамилия, адрес и телефон.
2. Должность, которую вы хотите получить.
3. Трудовой опыт (начните с последней работы и перечисляйте в обратном порядке).
4. Образование (начните перечень с указания последнего учебного заведения, которое вы окончили, и перечисляйте в обратном порядке).
5. Личные данные.
6. Рекомендации.

В ряде случаев полезно привести краткое описание опыта и достижений. Даты начала и окончания работы в том или ином учреждении или годы учебы в институтах или университетах могут быть указаны либо слева, перед соответствующим названием, либо после него.

Приведем несколько образцов резюме, полностью отвечающих предъявляемым требованиям.

Alexander Berman
376 West 186th Street, Apartment #6-J
New York, N. Y. 10033
Tel. (212) 973-6792

OBJECTIVE	A position as a mechanical engineer.
SUMMARY	15 years varied experience in mechanical engineering. Designed and developed both automatic and special machines. Installed machinery and equipment. Familiar with use of industrial engineering techniques and machine shop practices.
EXPERIENCE 1986—1988	BROWN MANUFACTURING Co. Paterson, N. J. Design Engineer. Planned and designed both automatic and special machines, instrumental systems, and pneumatics.
1974—1986	KHARKOV MACHINE WORKS Kharkov, USSR. Design Engineer at the Automation Department. Designed various automatic machines. Installed machinery and equipment.
EDUCATION 1969—1974	KHARKOV POLYTECHNIC INSTITUTE. Kharkov, USSR. M. S. in Mechanical Engineering.
PERSONAL	Arrived in the United States August 1986. Permanent US resident. Married, two children.
REFERENCES	Furnished upon request.

mechanical engineer	инженер-механик
varied experience	разнообразный опыт
to design	проектировать
design	конструкция
to develop	развивать; здесь: разрабатывать
to install	устанавливать
equipment	оборудование
familiar with	знаком с
machine shop	механический цех
automation department	отдел автоматизации
design engineer	инженер-конструктор
various	разный
to furnish	снабжать
furnished	здесь: предоставляется
upon request	по просьбе

Semyon Segal
64-39 108 Street, Apt. 4-D
Forest Hills, N. Y. 11375
Tel.: (718) 459-2330

OBJECTIVE	A position as an accountant with emphasis on financial planning and general accounting functions.
SUMMARY	Experienced accounting professional who works well under pressure, has good oral and written communication skills, knowledge of computers and administrative abilities.
QUALIFICATIONS	Kept all books of account, general ledgers, and balance sheets at the end of fiscal year, prepared financial statements.
EXPERIENCE	BUSINESS SERVICES, Inc. Flushing, N. Y. 1978—1988. Position: Bookkeeper. Duties: Prepared accounts payable, accounts receivable and financial statements, handled cash and kept checking receipts, kept all books of account, general ledgers and balance sheets. Publishing House PROGRESS Moscow, USSR 1972—1977. Position: Assistant Bookkeeper Duties: Prepared accounts payable and accounts receivable.
EDUCATION	PLEKHANOV INSTITUTE, Department of Economics. Moscow, USSR. Degree: MA in Economics. 1966—1971.
PERSONAL	Arrived in the United States June, 1978. Naturalized US citizen — October 5, 1985. Married, one child.
REFERENCES	Mr. James Smith, Senior Accountant. Innovative Business Services, Inc. Jamaica Consulting Services. New York, N. Y. Mrs. Joyce Reed, Accountant. Management Consulting Services. New York, N. Y.

98

accountant	специалист по составлению финансовых отчетов и ведению бухгалтерских книг
bookkeeper	бухгалтер
with emphasis	здесь: со специализацией
books of account	бухгалтерские книги
general ledger	главная книга, гроссбух
accounts payable	счета, подлежащие оплате самим предприятием
accounts receivable	счета, подлежащие оплате клиентом
skills	мастерство; умение
knowledge	знание; знакомство
ability	способность
balance sheet	балансовый отчет
fiscal	финансовый
financial statement	финансовый отчет
oral	устный
written	письменный
to work under pressure	работать под стрессом
to handle	справляться
receipt	квитанция

Irene Neyman
2020 84th Street, Apartment # 402
Jackson Heights, N. Y. 11372
Tel. (718) 456-8628

OBJECTIVE

Commercial Artist.

SUMMARY

Successful freelance artist for eight years in such areas as sign painting, oil painting, and design. Possesses considerable abilities in a number of specialized areas of commercial art. Has a talent to stimulate interest for a variety of particular products, ideas, and activities.

ACCOMPLISHMENTS

Coordinated two different advertisement ideas around one basic theme on a poster for Park South Gallery. Designed a menu for Howard Johnson. Also completed all exterior advertising.

EXPERIENCE
1981 — present

Freelance Commercial Artist, New York City.

1975—1981

MOSFILM. Moscow, USSR. Designer.

EDUCATION
1970—1975

Surikov Art Institute. Moscow, USSR. Degree: M. A. in Art and Design.

PERSONAL

Arrived in the United States March, 1981. Naturalized US citizen — September 15, 1987. Married, one child. Eyesight — excellent.

PORTFOLIO

Available upon request.

commercial artist	рекламный художник
freelance	внештатый
design	здесь: оформление
sign	вывеска; плакат
to paint	писать (картину и т. п.)
considerable	значительный
considerable abilities	большие способности
area	область
variety	разнообразие
particular	особый
advertisement	объявление; здесь: реклама
basic	основной
poster	плакат
around	вокруг; здесь: посвященный
exterior	внешний; наружный
eyesight	зрение
excellent	отлично
available	доступный; здесь: предоставляется

LEONID KOSSMAN

EVERYDAY DIALOGUES

ENGLISH-RUSSIAN
CONVERSATION GUIDE

BOOK 2

БЫТОВЫЕ ДИАЛОГИ

РУССКО-АНГЛИЙСКИЙ
РАЗГОВОРНИК

ЧАСТЬ ВТОРАЯ

PREFACE

This book is intended for Russian learners of American English. It continues the presentation of dialogues begun in Book 1 (published in 1989). The dialogues are taken from ordinary situations of daily life — job hunting, socializing with Americans, going to court, becoming a US citizen, planning a vacation, and more.

Book 2 can serve all those who already know some English. It presupposes the previous knowledge of Book 1.

Because of the idiomatic nature of many American phrases and expressions, they are often freely translated.

In many cases, a vocabulary section accompanies the dialogue. The student should learn the words and expressions related to the topic.

In order to master the entire dialogue, the student may use any one or a combination of the following procedures:

1. Read the entire dialogue.
2. Learn all new words and expressions you come across in any of the dialogues.
3. Repeat the conversations. Try to imitate the pronounciation.
4. Copy the dialogue.
5. Learn the dialogue by heart.
6. Ask someone who knows English to listen to your memorizing the text.
7. Say the dialogues with a friend who is studying English. First, you start the conversation, and have the other person say the other part. Then reverse the roles.

It is hoped that **Everyday Dialogues, Book 2** will serve all those students of English who attend English language classes, as well as those who prefer to improve their knowledge of spoken American English on their own.

All names and figures mentioned in Book 2 should be regarded only as examples.

This handbook may also be useful to Americans studying Russian at various levels.

Leonid Kossman

ПРЕДИСЛОВИЕ

Книга предназначена для изучения американского варианта английского языка говорящими по-русски. Она служит продолжением диалогов, представленных в Части I.

Темы диалогов взяты из обычных ситуаций ежедневной жизни: поиски работы, общение с американцами, обращение в суд, получение американского гражданства, отпускные планы и многое другое.

Часть II будет полезна тем, кто уже немного знает английский язык. Предполагается предварительное усвоение материала Части I.

Ввиду идиоматичности многих американских выражений и словосочетаний, их русские эквиваленты часто даются в вольном переводе.

Многие диалоги сопровождаются списками слов и выражений, относящихся к данной теме.

Ниже даны несколько советов, облегчающих усвоение материала:

1. Прочтите весь диалог с начала до конца.
2. Выучите все новые слова и выражения, которые вы встречаете в данном диалоге.
3. Повторите разговор, пытаясь имитировать произношение.
4. Перепишите диалог.
5. Выучите диалог наизусть.
6. Попросите кого-нибудь знающего английский прослушать текст, который вы запомнили.
7. Разыграйте диалог с другом, который тоже изучает английский. Допустим, сначала вы начинаете разговор, а другой вам отвечает. Затем поменяйтесь ролями.

Книга «**Бытовые Диалоги**» часть **II** рассчитана на учащихся курсов английского языка, а также на тех, кто предпочитает самостоятельное овладение разговорным американским вариантом английского языка.

Все названия и цифры, приведенные в книге, использованы лишь в качестве примеров.

Настоящее пособие может быть полезным также американцам, изучающим русский язык на разных уровнях.

Леонид Косман

CONTENTS

How to improve your English...7
Socializing with Americans..9
Job Hunting...12
A Job Interview...15
Work and Profession..17
What is the Matter..21
A Day off..24
Going to Court..27
Becoming a US Citizen..31
American Telephone Service...35
Using the Banking Machine...39
Household Chores...42
Meeting your Children's Teachers...45
At the Emergency Room..48
At the Hospital...50
Taking a Cab..53
Renting a Car...56
At the Stationery..59
At a Bookstore..62
On Weekends...65
At one's Leisure...68
Watching TV..70
Going to the Movies..73
Going to the Museum..77
At the Box Office...79
At the Coffee Shop..81
Planning a Party...85
Having Friends for Dinner...87
Buying a Present..90
Planning a Vacation...94
Traveler's Checks and Foreign Currency..97
At the Airport...101
Back from Vacation...104
Buying a House in the Suburbs...106

СОДЕРЖАНИЕ:

Как улучшить ваш английский язык............................7
Общение с американцами..............................9
В поисках работы..................................12
Собеседование при поступлении на работу..............15
Работа и профессия................................17
В чем дело?......................................21
Нерабочий день...................................24
Обращение в суд..................................27
Получение американского гражданства................31
Американская телефонная служба....................35
Пользование банковской машиной....................39
Домашние хлопоты.................................42
Встречи родителей с учителями......................45
В пункте скорой помощи.............................48
В больнице......................................50
Поездка на такси.................................53
Машина на прокат................................56
В магазине канцелярских товаров....................59
В книжном магазине...............................62
Уикэнд...65
На досуге.......................................68
У телевизора....................................70
Посещение кино..................................73
Посещение музея.................................77
У театральной кассы..............................79
В кафе...81
Готовясь к приему гостей..........................85
Друзья приглашены на обед.........................87
Покупка подарка.................................90
Отпускные планы.................................94
Туристские чеки и обмен валюты.....................97
В аэропорту....................................101
Возвращение из отпуска...........................104
Покупка дома в пригороде.........................106

HOW TO IMPROVE
YOUR ENGLISH

Larissa: I try my best to attain fluency in English and to understand native speakers. But all my efforts have not resulted in real progress. It's difficult for me to start a conversation with Americans. What would you advise me to do to improve my communication skills?

Tom *(a volunteer English instructor):* First of all, you should try to have as many contacts with native speakers as ever possible. You shouldn't be afraid of making mistakes. There can't be any language practice without making mistakes. There will come a time when you start speaking correct, flawless English.

Larissa: Sometimes I experience difficulties in understanding the answer of people I'm talking to.

Tom: It's quite normal for a newcomer to misunderstand or not to be able to grasp the other person's question or answer. So you shouldn't be afraid of asking someone to repeat.

Larissa: Could you give me some examples?

КАК УЛУЧШИТЬ
ВАШ АНГЛИЙСКИЙ ЯЗЫК

— Лариса: Я делаю все от меня зависящее, чтобы добиться беглости в английском и понимать разговор американцев. Но все мои усилия до сих пор не принесли реальных успехов. Мне трудно начать беседу с американцами. Что бы вы мне посоветовали, чтобы улучшить мои разговорные навыки?

— Том *(преподаватель на общественных началах):* Прежде всего, вам надо постараться как можно чаще вступать в общение с коренными американцами. Не надо бояться ошибок. Языковая практика немыслима без ошибок. Наступит момент, когда вы станете бегло говорить на правильном английском.

— Порой мне трудно понимать ответ людей, с которыми я беседую.

— Вполне естественно, что новоприбывший неправильно понимает или не в состоянии уловить вопрос или ответ собеседника. Так что не бойтесь попросить собеседника повторить сказанное.

— Вы не могли бы привести мне несколько примеров?

Tom: If you didn't understand the other person's question or answer, you might say: "Would you mind repeating what you just said?" or "Could you repeat what you just said?"

Larissa: Thank you. I'll try to remember these expressions. Sometimes I experience difficulties in understanding Americans because they speak so fast. What am I supposed to say in such a situation?

Tom: A polite form of asking someone to slow down is by putting it that way: "Would you say that again more slowly, please."

Larissa: I see. One more question. What's best for me to improve my pronounciation and to build my vocabulary?

Tom: For an immigrant, it's very useful to watch television.

Larissa: That's right. I tried to watch TV. But there are many programs I don't understand.

Tom: Of course, not all programs are accessible to you right now. You could start by watching children's programs and the evening news. There are even some shows that aren't difficult at all to understand. "Odd couple", for instance.

— Если вы не поняли вопрос или ответ собеседника, вы можете сказать: «Не могли бы вы повторить (то, что сказали)?» или «Повторите, пожалуйста (то, что вы сказали)».

— Спасибо. Я попытаюсь запомнить эти выражения. Порой мне трудно понимать американцев, потому что они говорят так быстро. Что мне следует сказать в подобной ситуации?

— Вежливо попросить кого-либо говорить медленнее можно таким образом: «Пожалуйста, скажите это еще раз медленнее».

— Понятно. У меня к вам еще вопрос. Как мне улучшить произношение и обогатить словарный запас?

— Для иммигранта очень полезно смотреть телевидение.

— Да, это верно. Я пыталась смотреть телевизор. Но содержание многих программ я не понимаю.

— Конечно, пока что не все телевизионные программы вам доступны. Вы могли бы начать с того, что смотреть детские программы и вечерние новости. Имеются даже некоторые шоу, которые вовсе не трудно понять. «Странная пара», например.

SOCIALIZING
WITH AMERICANS

Jack: Where are you from, Bella?

Bella: I am from Leningrad, USSR.

— How long have you been living in this country?

— It's my first year in the United States.

— Are you happy here?

— Yes, I like America very much.

— Have you got a job?

— I am a university student.

— Did you study English before arriving in this country?

— Yes, I did. But there were many surprises after coming to America.

— What puzzled you when you first met Americans?

— I noticed on my arrival and still notice now how much more informality there is in the United States than there is in the Soviet Union.

— Could you give me an example for it?

ОБЩЕНИЕ
С АМЕРИКАНЦАМИ

Джек: — Вы откуда приехали, Белла?

Белла: — Я приехала их Ленинграда, СССР.

— Вы уже давно в Америке?

— Я первый год в Соединенных Штатах.

— Вы довольны (своей жизнью) здесь?

— Да, мне Америка очень нравится.

— Вы нашли работу?

— Я студентка университета.

— Вы изучали английский язык до приезда в Америку?

— Да. Но было немало неожиданностей по прибытии в США.

— Что вас удивило, когда вы впервые встретились с американцами?

— Я заметила по приезде и наблюдаю еще и теперь, что в Соединенных Штатах в гораздо большей мере отступают от формальностей (в обращении), чем в Советском Союзе.

— Вы могли бы привести какой-нибудь пример?

— It came to me as a surprise to hear people address each other by their first name.

— You can hear it rather often in America.

— My first English teacher in the US was about sixty years old, but we called him Tom, his first name. That was the way he wanted to be addressed. Sometimes informality can be seen in the way Americans dress.

— Any other things that surprised you in this country?

— I didn't expect the typically American greeting formulas.

— Americans may reply to "How are you?" with " "Fine, thanks", even if they aren't feeling well.

— That's funny, isn't it? I have the impression that American greeting formulas do not carry any literal meaning. On my arrival, I didn't understand it and thought that people who asked me "How are you?" were really interested in getting a detailed reply. But it didn't take me long to realize that I was wrong.

— Aren't there similar expressions in Russian?

— Yes, there are. But besides them, there are numerous ways of replying to a greeting like "How are you?". I wonder what's the reason for such conventional replies as "I am fine", "Pretty good" etc?

— Я не ожидала, что люди (здесь) обращаются друг к другу по имени.

— В Америке это слышишь довольно часто.

— Моему первому преподавателю английского языка в Америке было около 60 лет, но мы обращались к нему по имени — Том. Он сам хотел, чтобы к нему так обращались. Порой отступление от формальностей проявляется здесь в манере одеваться.

— Что вас еще удивило в Америке?

— Неожиданными были типично американские приветствия.

— Американцы могут ответить на приветствие «Как поживаете?» — «Спасибо, прекрасно» даже в случаях, когда они чувствуют себя неважно.

— Это странно, не правда ли? У меня впечатление, что американские приветствия не следует воспринимать буквально. По прибытии я этого не понимала и думала, что люди, задавшие мне вопрос «как поживаете?», действительно заинтересованы в детальном ответе. Но мне немного времени понадобилось, чтобы понять свою ошибку.

— Разве в русском нет подобных выражений?

— Имеются. Но кроме них существуют многочисленные способы ответа на приветствие типа «Как дела?». Хотелось бы знать, какова причина таких стандартных ответов, как «прекрасно», «вполне хорошо» и т. п.

— In my view, the main reason for it is American optimism. In addition to it, Americans don't want to annoy other people by mentioning unpleasant things.

— I see. On the one hand, Americans are less formal than Russians. On the other hand, they are even more formal.

— That's right.

— По моему, основная причина — в американском оптимизме. Кроме того, американцы не хотят докучать другим людям (своими) неприятностями.

— Понятно. С одной стороны, американцы придерживаются в меньшей мере формальностей, чем русские. А с другой стороны, они даже более формальны.

— Это верно.

JOB HUNTING

Case Worker: You told me last time that you had been a civil engineer in Moscow.

Igor: That's right. I would like to get a similar job in this country.

C. W.: We'll do our best to help you. But to the best of my knowledge, there are many unemployed American civil engineers. Would you be willing to take a temporary job as a draftsman? As far as I know, there are some vacancies in this field.

I: Okay. I can do that. I have worked as a draftsman in Russia for more than two years.

C. W.: Your English is good enough. You are able to communicate. If you get a job, you will have to undergo some retraining.

I: I don't mind.

C. W.: Do you know what "On Job Training" means?

I: To undergo training while working.

В ПОИСКАХ РАБОТЫ

Социальный работник (по данному делу): Вы мне в прошлый раз сказали, что работали в Москве инженером-строителем.

Игорь: — Это верно. Мне хотелось бы найти подобную работу в Америке.

— Мы сделаем все от нас зависящее, чтобы вам помочь. Но насколько мне известно, (в Америке) имеются много безработных инженеров-строителей. Вы согласились бы на временную работу в качестве чертежника? Насколько я знаю, в этой области имеются вакансии.

— Хорошо. Я могу с этим справиться. В России я работал чертежником в течение более двух лет.

— Ваш английский достаточно хорош. Вы в состоянии общаться (с американцами). Если вы получите (такую) работу, вам придется переучиваться.

— Я не возражаю.

— Вы знаете, что означает «стажировка на работе»?

— Профессиональная подготовка одновременно с работой.

C. W.: Right. By the way, there was a call yesterday. The owner of a small engineering firm is looking for a draftsman. Some experience is needed.

I: In my resume it is indicated that I have worked as a draftsman in Moscow. Isn't that enough?

C. W.: You know, Igor, they usually prefer people who have American experience in a special field. But I hope to convince the employer that you are the right person for the job. I'll call him right away.

*
*

C. W.: As you have heard, Igor, I've spoken to Mr. Miller over the phone. As far as I understand, he doesn't mind your being a beginner in this country. I'm sure you are a quick learner. Mr. Miller asked you to call him as soon as possible. He'll tell you about the time and place of the interview.

*
*

Igor (dialing Mr. Miller's number).

Secretary: Manhattan Engineering Corporation.

I: Good afternoon, may I speak to Mr. Miller?

S: Your name, sir?

I: Igor Sobolev.

S: Hold on, please.

Mr. Miller: Hello.

— Верно. Между прочим, вчера мне звонили. Владельцу небольшой инженерной фирмы нужен чертежник. Требуется некоторый опыт.

— В моем резюме указано, что я работал в качестве чертежника в Москве. Разве этого недостаточно?

— Вы знаете, Игорь, они (здесь) обычно предпочитают людей с американским опытом в какой-то специальной области. Но я надеюсь убедить работодателя, что вы подходящий человек для данной работы. Я ему сейчас позвоню.

— Как вы слышали, я говорила с г-ном Миллером по телефону. Поскольку я понимаю, он не имеет ничего против того, что вы только что начинаете свою трудовую карьеру в Америке. Я уверена в том, что вы быстро схватываете то, что вам объясняют. Г-н Миллер просит вас позвонить ему по возможности скорей. Он вам скажет, когда и где состоится собеседование.

— (набирая номер г-на Миллера).

— Манхаттан Энджиниринг Корпорейшн.

— Добрый день, попросите, пожалуйста, г-на Миллера.

— Ваше имя, сэр?

— Игорь Соболев.

— Подождите, пожалуйста.

— Слушаю вас.

I: Good afternoon, Mr. Miller. Miss Brown, my case worker, called you on my behalf ten minutes ago.

Mr. M: Yes, Mr. Sobolev. What about tomorrow morning? Let us say 10 A.M. Could you come to a job interview?

I: Of course, I can, Mr. Miller. Could you give me the address?

Mr. M: 235 Broadway, 3rd floor. You can take the E train. Get off at Chamber Street.

I: Thank you very much, Mr. Miller. I'll certainly come tomorrow at 10 A.M.

Mr. M: Okay. See you tomorrow, Mr. Sobolev.

I: Good buy, Mr. Miller.

— Добрый день, г-н Миллер. Мисс Браун, мой социальный работник, десять минут тому назад говорила с вами по поводу меня.

— Да, г-н Соболев. Как насчет встречи завтра утром? Скажем, в 10 час. утра. Вы могли бы прийти на собеседование насчет работы?

— Конечно, г-н Миллер, я могу прийти. Вы могли бы сообщить адрес?

— 235 Бродвей, третий этаж. Вы можете сесть на поезд Е. Выйдете на остановке Чеймбер Стрит.

— Большое спасибо, г-н Миллер. Я непременно прийду завтра утром в 10 час.

— Хорошо. До завтра, г-н Соболев.

— До свидания, г-н Миллер.

A JOB
INTERVIEW

Igor Sobolev: Good morning, Mr. Miller. I am Igor Sobolev.

Mr. Miller: Hello. Come in, please. Take a seat, Mr. Sobolev. Well, Miss Brown, your caseworker, told me that you've worked as a draftsman in Moscow.

— That's correct. I've worked as a draftsman for more than two years.

— May I see your resume?

(Passing his resume to Mr. Miller).

— Here it is, Mr. Miller.

— Your resume is rather impressive. How long have you been living in this country?

— For about six months.
— Have you come with your family?
— Yes, with my wife and my daughter.
— Your English is rather fluent.

— I started studying English three years ago.
— How far do you live from this company?

СОБЕСЕДОВАНИЕ
ПРИ ПОСТУПЛЕНИИ
НА РАБОТУ

Игорь Соболев: — Доброе утро, м-р Миллер. Меня зовут Игорь Соболев.

М-р Миллер: — Заходите, пожалуйста. Садитесь, м-р Соболев, Мисс Браун, социальный работник, ведущий ваше дело, сказала мне, что в Москве вы работали чертежником.

— Правильно. Я работал чертежником более двух лет.

— Можно взглянуть на ваше резюме?

(Передает резюме м-ру Миллеру).

— Вот оно, м-р Миллер.

— Ваше резюме вполне солидное (*букв.:* впечатляющее). Сколько времени вы живете в Америке? (*букв.:* в этой стране).

— Около шести месяцев.
— Вы приехали вместе с семьей?
— Да, с женой и дочерью.
— Вы говорите по-английски довольно бегло.

— Я начал изучать английский три года тому назад.
— Вы живете далеко от нашей компании?

— I live in Brooklyn. It took me 50 minutes to get here today.
— How do you get along with your co-workers?
— I've always been on good terms with my colleagues.
— Can you work under pressure?

— Definitely. If needed, I can work well under pressure. I know it from experience.
— Are you sure you'll like working in our company?

— Yes, I'm sure. The type of opportunity is here, in your company.

— Do you arrive at work on time?

— Yes. If I have a problem being on time, I always call and explain the situation.
— How long will you stay with the company?
— I intend to stay with the company, as long as I can learn and develop my capabilities.
— Would you be in a position to work overtime if required?
— Absolutely. When I've been given the responsibility for a job, I take it seriously. If required, I'll work overtime.
— What salary would you expect for your job?
— I hope the salary you'll offer will be fair.
— All right, Mr. Sobolev. Thank you for coming here. We have your telephone number. We'll let you know, as soon as we make a decision.
— Thank you. Good bye.

— Я живу в Бруклине. Сегодня поездка сюда заняла 50 минут.
— Как вы ладите со своими сослуживцами?
— У меня всегда были хорошие отношения с коллегами.
— Можете ли вы работать в напряженной обстановке?

— Безусловно. Если нужно, я могу успешно работать в напряженной обстановке. Я знаю это по опыту.
— Вы уверены, что вам понравится работать в нашей компании?

— Да, я уверен в этом. Именно здесь, в вашей компании я смогу найти благоприятные для меня возможности.

— Вы приходите на работу вовремя?

— Да. Если задерживаюсь и не могу прибыть в нужное время, я всегда звоню и объясняю, в чем дело.
— Как долго вы намерены работать (*букв.:* оставаться) в компании?
— Я намерен работать в компании, пока я смогу учиться чему-то новому и развивать свои способности.
— Сможете ли вы работать сверхурочно, если потребуется?
— Безусловно. Если я несу ответственность за работу, я отношусь к этому серьезно. Если нужно, я буду работать сверхурочно.
— Какое жалованье вы рассчитываете получать за вашу работу?
— Я надеюсь, что вы мне предложите справедливую зарплату.
— Хорошо, м-р Соболев. Спасибо, что вы пришли. Ваш номер телефона у нас есть. Мы дадим вам знать, как только примем решение.
— Спасибо. До свидания.

16

WORK AND PROFESSION

Jean: What's your occupation?

Yuri: I am a dental assistant.

J: What about getting a license?

Y: For getting a license, I've to pass special exams.

J: What did you do for a living before coming to the United States?

Y: I was a dentist in Moscow.

J: Did you have your private practice?

Y: No, I didn't. I was a dentist at an outpatient clinic.

J: I'm sure you'll make it in this country. You are young and full of energy.

*

*

Susan: What company do you work for?

Oleg. I work for Manhattan Engineering Inc.

S: How long have you been with that company?

O: For more than two years.

S: Is that your first job in America?

РАБОТА И ПРОФЕССИЯ

— Чем вы занимаетесь?

— Я помощник зубного врача.

— Вы можете получить сертификат зубного врача?

— Для того, чтобы получить сертификат, мне нужно сдать специальные экзамены.

— Кем вы работали до того, как приехали в Соединенные Штаты?

— В Москве я был зубным врачем.

— У вас была частная практика?

— Нет. Я был зубным врачем в поликлинике.

— Я уверена в вашем успехе в Америке (*букв.: в этой стране*). Вы молоды и полны энергии.

— В какой компании (*букв. для какой компании*) вы работаете?

— Я работаю в Манхэттен Энджиниринг Инкорпорейтид.

— Сколько времени вы работаете в этой компании?

— Больше двух лет.

— Это ваша первая работа в Америке?

O: No, it isn't. After my arrival in the US, I worked as a garage mechanic for about a year.

S: And how did you get the engineering job?

O: With the help of an employment agency. Although I work for an engineering company, it is not exactly an engineering job. I'm a draftsman.

S: But you can still hope for a promotion.

O: I try my best and don't give up so soon.

— Нет. Когда я приехал в США, я около года работал автомехаником.

— И как же вам удалось получить работу инженера?

— С помощью агентства по трудоустройству. Хотя я числюсь в инженерной компании, я не выполняю работу инженера. Я чертежник.

— Но вы все же можете надеяться на повышение (в должности).

— Я очень стараюсь и не сдаюсь так быстро.

* *

*

Mary: Do you have a full-time job?

Lev: No, I don't. I work free-lance.

M: What's your occupation?

L: I am a journalist *(interpreter, tutor etc.)*.

M: So you don't have to work from 9 to 5?

L: You see, my free-lance work has advantages and disadvantages. I have my own schedule. I don't have to report for work. But I don't have vacations either.

M: I see.

— Вы работаете на полной ставке?

— Нет. Я работаю внештатно.

— Какая у вас специальность?

— Я журналист *(переводчик, репетитор и т. д.)*.

— Так что вы не должны работать с 9 до 5 часов?

— Видите ли, у моей внештатной работы есть как преимущества, так и недостатки. Я сам составляю *(букв.: я имею)* свое расписание. Я не должен докладывать о времени прихода на работу. Но зато у меня нет (оплаченного) отпуска.

— Понятно.

* *

*

Kevin: Are you a salaried employee?

Rose: No, I am not. I was an employee for several years. At present I'm self-employed.

K: Do you have your own office?

R: Yes, I do. I am the president of a computer consulting firm.

K: Do you have a lot of customers?

R: Yes, I do. When I started my business, I had only a few customers. Business is flourishing now. I hope to found a branch of my firm at the West Coast.

— Вы работаете по найму?

— Нет. Я работала по найму несколько лет. В настоящее время я работаю на себя.

— У вас своя контора?

— Да. Я президент консультационной фирмы по компьютерам.

— У вас много клиентов?

— Да. Когда я основала свое дело, у меня было всего несколько клиентов. Сейчас дело процветает. Я надеюсь основать филиал моей фирмы на Западном берегу.

USEFUL WORDS AND EXSPRESSIONS

blue-collar worker	рабочий
white-collar worker	служащий
executive	руководящий работник
employee	служащий
Federal employee	федеральный служащий
clerical worker	канцелярский служащий
self-employed	самостоятельно занятый, работающий на себя
wholesaler	оптовик
retailer	розничный торговец
job market	спрос рабочей силы
flexible hours	свободное расписание
promotion	продвижение
to apply for a position	подать заявление на должность
typing skills	умение печатать
shorthand	стенография
to take down in shorthand	стенографировать
computer-aided	с помощью компьютера
computer-based	с использованием компьютера
computer-oriented	рассчитанный на использование компьютера
to handle	1. обращаться; 2. оперировать; манипулировать
to operate a computer	работать на компьютере

ПОЛЕЗНЫЕ СЛОВА И ВЫРАЖЕНИЯ

WHAT'S THE MATTER?

Liz: What's the matter, Ilya? You look tired.

Ilya: I'm worried about my English.

L: What's the problem?

I: Despite all my efforts, I get nowhere. I rarely speak to Americans.

L: It's your fault that you don't meet any Americans. You seldom go out. You've time enough. You've not yet started working.

I: Where should I go to meet people?

L: There are numerous ways of having English practice with Americans. You could join a club or do some volunteer work.

I: That's a good idea. I'll try to follow your advice.

* *

*

Joe: Hello, Liza. You don't look happy.

Liza: I'm a bit worried.

В ЧЕМ ДЕЛО?

— Что случилось, Илья? У вас усталый вид.

— Меня беспокоит мой английский.

— А в чем дело?

— Несмотря на все мои усилия, я не двигаюсь с места. Я редко говорю с американцами.

— Вы сами виноваты, что не встречаетесь с американцами. Вы редко бываете среди людей. Времени у вас достаточно. Вы еще не начали работать.

— Куда же мне пойти, чтобы встречаться с людьми?

— Имеется множество способов практиковаться в английском языке, беседуя с американцами. Вы могли бы стать членом какого-либо клуба или выполнять добровольческую работу.

— Это хорошая идея. Я постараюсь последовать вашему совету.

— Привет, Лиза. Вы чем-то недовольны.

— Я немного обеспокоена.

J: What's the matter?

L: My doctor told me I should go on a diet.

J: What kind of diet?

L: I should eat lots of vegetables and fruits.

J: What about meat?

L: The doctor told me I could eat some meat, but not more than two or three times a week.

J: What has prompted your doctor to recommend you such a diet?

L: I have to lose weight. My doctor thinks it could improve my heart condition.

J: Your doctor is perfectly right. All you have to do is to keep in shape.

* *
*

Mary: You seem to be nervous, Boris.

Boris: I don't feel well.

M: What's the trouble?

B: I cough a lot, especially in the morning.

M: You should quit smoking.

B: I tried to stop smoking several times. But to no avail.

M: That's a matter of conviction. You've to realize that you're ruining your health.

B: I'm aware of it. But when I get nervous I cannot do without cigarettes.

— В чем дело?

— Доктор мне сказал, что я должна соблюдать диету.

— Какую именно (диету)?

— Мне придется (букв: я должна) есть много овощей и фруктов.

— А как насчет мяса?

— Доктор мне сказал, что я могу есть немного мяса, но не более двух — трех раз в неделю.

— А почему ваш доктор порекомендовал именно эту диету (букв.: что побудило вашего доктора...)?

— Мне надо похудеть. Доктор считает, что это улучшит работу сердца.

— Ваш доктор совершенно прав. Все, что требуется от вас — быть в форме.

— Вы, кажется, нервничаете, Борис.

— Я себя плохо чувствую.

— В чем же дело?

— Я часто кашляю, особенно по утрам.

— Вам надо бросить курить.

— Я уже несколько раз пытался бросить курить. Но из этого ничего не получилось.

— Это дело убеждения. Вы должны понять, что вы губите свое здоровье.

— Я это знаю. Но когда я нервничаю, я не могу обойтись без сигарет.

M: There are courses for quitting smoking. Are you really in need of joining these courses?

B: I think it is shameful to attend such courses.

M: Then you should be able to act of your own accord.

B: You are perfectly right, Mary. But after 25 years of smoking, it is so hard to quit.

M: Don't you realize that you're a victim of self-deception?

B: I thought of it. Maybe it's a kind of illusion. If I'm nervous or I'm faced with a problem, I usually start smoking.

M: It's a life-threatening habit.

B: I know. When I see you next time, I'll tell you about my decision to quit smoking.

M: Good luck.

— Имеются даже курсы, помогающие бросить курить. Неужели вам нужны такие курсы *(букв.:* присоединиться к...)?

— Я считаю позорным посещать подобные курсы.

— В таком случае вы должны быть в состоянии действовать по собственной воле.

— Вы совершенно правы, Мэри. Но после 25 лет курения очень трудно бросить курить.

— Разве вы не понимаете, что становитесь жертвой самообмана?

— Я об этом думал. Возможно, это просто иллюзия. Я обычно начинаю курить, когда я нервничаю или мне предстоит решать какую-либо проблему.

— Эта ваша привычка опасна для жизни.

— Я знаю. Когда я вас увижу в следующий раз, я вам сообщу о решении бросить курить.

— Желаю удачи.

A DAY OFF

Vladimir works for a big engineering company. He called his office at nine o'clock sharp. His boss, Joe Robinson, answered the telephone.

Joe: Hello. Joe Robinson.

Vladimir: Good morning, Joe. This is Vladimir.

J: Hi, Vladimir. What's up?

V: I'm afraid I can't come to work today.

J: Oh, what's the problem?

V: I've caught a cold. I've got a sore throat and a runny nose.

J: You've a hoarse voice too.

V: Yes. I'll stay in bed. I hope to come tomorrow.

J: You should stay at home until you feel well. Will you see your doctor?

V: I don't have any fever. Therefore I don't consider it necessary to see the doctor. All I need are some medications that are sold over the counter.

J: Have you got them?

НЕРАБОЧИЙ ДЕНЬ

Владимир работает в большой инженерной компании. Ровно в 9 час. утра Владимир звонит в свою контору. На звонок отвечает его начальник Джо Робинсон.

— Алло, говорит Джо Робинсон.

— Доброе утро, Джо. Это Владимир.

— Здравствуйте, Владимир. Что случилось?

— К сожалению, я не могу выйти сегодня на работу.

— А в чем дело?

— Я простудился. У меня болит горло и к тому же у меня насморк.

— Вы также охрипли.

— Да, я полежу в постели. Надеюсь придти завтра.

— Вы должны оставаться дома до тех пор, пока вы не будете чувствовать себя хорошо. Вы пойдете к своему врачу?

— У меня нет температуры. Поэтому я не считаю нужным пойти к доктору. Мне просто нужны кое-какие лекарства, которые продаются без рецепта.

— Они у вас есть?

V: Not yet. My wife will go to the drugstore and get the medications for me.	— Еще нет. Моя жена пойдет в аптеку и получит лекарства для меня.
J: All right, Vladimir. Get well.	— Хорошо, Владимир. Выздоравливайте.
V: Thank you, Joe. Good-bye.	— Спасибо, Джо. До свидания.
J: Bye, Vladimir.	— До свидания, Владимир.

*   *

*

Olga works for an accounting firm. At nine o'clock she called her boss. The secretary answered the phone.	*Ольга работает в бухгалтерской фирме. В 9 час. утра она звонит начальнику. Секретарша берет трубку.*
Secretary: Smith Financial Services.	— Смит Файнаншэл Сервисис.
Olga: Hello, Joan. This is Olga.	— Привет, Джоан. Это Ольга.
Joan: Hi, Olga.	— Здравствуйте, Ольга.
O: Is Morton there?	— Мортон у себя?
J: Hold on.	— Подождите *(у телефона).*
Morton: Hello, Olga. Any problem?	— Привет, Ольга. Какие-нибудь трудности?
O: Good morning, Morton. I won't be able to come today. I told you about my husband's operation. His condition is now stable, and today he's going to be discharged.	— Доброе утро, Мортон. Я не смогу придти сегодня. Я говорила вам об операции, перенесенной моим мужем. Его состояние теперь стабилизировалось, и сегодня в 11 час. утра его выпишут из больницы.
M: I see. No problem. Bring your husband home. I wish him well. See you tomorrow then?	— Я понимаю. Все в порядке. Привезите вашего мужа домой. Я желаю ему всего хорошего. Значит вы придете завтра?
O: Of course. Thank you so much, Morton.	— Конечно. Большое спасибо, Мортон.
M: You are welcome.	— Пожалуйста.

*   *

*

Lev is on a vacation trip in Europe. His charter flight to New York has been delayed for a day. He calls his boss Tim Moore in New York City.

Tim: Hello. Tim Moore.

Lev: Hello, Tim. I'm calling from Madrid. Happy to have got the connection. My flight has been delayed for a day. I'm so sorry, but I won't be able to start working tomorrow.

Tim: No problem, Lev. You are not responsible for the airline. Have a good trip.

Lev: Thank you, Tim.

Лев проводит свой отпуск в Европе. Его чартерный рейс на Нью-Йорк отложен на один день. Он звонит в Нью-Йорк своему начальнику Тиму Муру.

— Алло, Тим Мур у телефона.

— Здравствуйте, Тим. Я звоню из Мадрида. Очень рад, что дозвонился. Мой рейс отложен на один день. Мне очень жаль, что не смогу начать работать завтра.

— Ничего страшного, Лев. Вы не отвечаете за авиалинию. Счастливого пути.

— Спасибо, Тим.

GOING TO COURT

John: How have you been, Olga?

Olga: I've already told you, John, that I had been working in a grocery store for several weeks. It was a part-time job. I need the money for attending a computer course.

J: Don't you work there anymore?

O: No, John. I'm in trouble. About a week ago, the boss gave me a bounced check for 520 dollars. The check was returned to me by my bank. Besides I've to pay the bank a service charge for that check. I'm now in a fix.

J: Don't panic, Olga. Have you kept the bounced check?

O: Of course, I have.

J: You don't have any reason for worrying about the bounced check. You'll get your money. That's for sure.

O: Why do you think so?

J: You can go to court.

O: What are you talking about, John? I don't have the money for hiring a lawyer.

J: You don't need any lawyer. There is a Small Claims Court. They accept claims up to 2000 dollars. I'll be your witness. I've seen you working in the store. That's it.

ОБРАЩЕНИЕ В СУД

— Как поживаете, Ольга?

— Я уже рассказывала вам, Джон, что я работала несколько недель в бакалейной лавке. Это была почасовая работа. Мне нужны деньги для учебы на компьютерных курсах.

— Вы там больше не работаете?

— Нет, Джон. У меня неприятности. Около недели тому назад хозяин дал мне непокрытый чек на 520 долларов. Чек был возвращен мне банком. Помимо всего, я должна еще доплатить банку за обслуживание. Я попала в беду.

— Не впадайте в панику, Ольга. Вы сохранили этот непокрытый чек?

— Конечно.

— У вас нет никаких оснований волноваться из-за непокрытого чека. Вы непременно получите свои деньги.

— Почему вы так думаете?

— Вы можете обратиться в суд.

— О чем вы говорите, Джон? У меня нет денег, чтобы нанять адвоката.

— Вам не нужен никакой адвокат. Существует Суд по рассмотрению небольших исков. Они рассматривают иски на сумму до 2000 долл. Я буду вашим свидетелем. Я видел, как вы работали в магазине. Вот и все.

O: What is the fee for filing a suit there?

J: For suing an individual you've to pay about five dollars. Suing a corporation costs more. It's about 25 dollars.

O: That's not much money.

J: Did you inform your former boss about the bounced check?

O: Yes, I did. He says it's not his fault. He's not going to give me the money.

J: Probably he thinks you are naive and not in the know. He hopes to get away with it.

O: He's such a scoundrel.

J: Of course, he's a cheat. But cool down, Olga. It goes without saying that you can rely on me. As soon as you have an appointment for the court hearing, let me know. I'll pick you up and we'll go to the court together.

O: John, I really appreciate your help.

J: My pleasure. You have nothing to fear, Olga. It's such a clear-cut case. At the Small Claims Court, your case can be heard by a judge or by an arbitrator.

O: What's the difference?

J: Arbitrators are attorneys with at least five years experience. Their decision is final. If you choose to have your case heard only by the judge, you can appeal the decision. But it's more time-consuming. You have the choice. In any case, the court decision will be in your favor.

— Сколько нужно заплатить за подачу иска туда?

— За подачу иска против частного лица нужно платить около пяти долларов. Подача иска против корпорации стоит дороже, около 25 долларов.

— Это не такие уж большие деньги.

— Вы сообщили своему бывшему хозяину о непокрытом чеке?

— Да. Он говорит, что это не его вина и что он не даст мне денег.

— По видимому, он думает, что вы наивны и не в курсе дел. Он надеется, что это сойдет ему с рук.

— Он такой негодяй.

— Конечно, он жулик. Но успокойтесь, Ольга. Разумеется, вы можете положиться на меня. Дайте мне знать, как только будет назначено время для слушания в суде. Я заеду за вами, и мы поедем в суд вместе.

— Джон, я очень признательна вам за помощь.

— Я с удовольствием вам помогу. Вам нечего бояться, Ольга. Это такой бесспорный случай. В Суде по рассмотрению небольших исков ваше дело может быть заслушано судьей или арбитром.

— А в чем различие?

— Арбитры — это юристы с опытом работы не менее пяти лет. Их решение окончательно. Если же вы хотите, чтобы ваше дело было рассмотрено только судьей, то его решение вы сможете обжаловать. Но это отнимет много времени. Вы можете сами выбрать. Во всех случаях решение суда будет в вашу пользу.

O: Thank you, John. At least there is a silver lining. With your help I can eventually get my money.

— Спасибо, Джон. По крайней мере есть какая-то надежда. С вашей помощью я в конце концов получу свои деньги.

USEFUL WORDS AND EXSPRESSIONS

ПОЛЕЗНЫЕ СЛОВА И ВЫРАЖЕНИЯ

courthouse	здание суда
courtroom	зал суда
court session	заседание суда
hearing	слушание (дела)
defendant	подсудимый, обвиняемый; ответчик
plaintiff	истец
claimant	лицо, подающее иск в суд
to claim damages	требовать возмещения убытков в суде
to sue smb.	подавать в суд (на кого-л.); возбуждать дело (против кого-л.)
judge	судья
to subpoena	вызывать в суд
subpoena	повестка в суд
to arraign	привлекать к суду
arraignment	привлечение к суду
attorney	адвокат; поверенный
lawyer	адвокат; юрист
attorney general	министр юстиции
legal adviser (to a company etc.)	юрисконсульт (фирмы и т. д.)
trial	(судебный) процесс
to be on trial	быть под судом
to put on trial	предавать суду
to appeal	подавать кассационную жалобу; обжаловать
verdict	приговор

court decision	решение суда
case	*(судебное)* дело
to set a date for the hearing	назначать срок слушания
settlement	соглашение *(между истцом и ответчиком)*
to work out a settlement	договориться о соглашении
suit; lawsuit	иск
to dismiss a case	прекращать дело
to dismiss a claim	отклонить иск
the court is in session	заседание суда продолжается
to adjourn the hearing of a case	отложить слушание дела
to prove	доказать
to testify	давать показания; засвидетельствовать
testimony	показание; свидетельство
witness	свидетель
to acquit	оправдать
to indict	обвинять; предъявлять обвинение
indictment	обвинение; обвинительный акт
convict	заключенный; осужденный
conviction	осуждение; судимость

BECOMING
A US CITIZEN

Jane: Hi, Lev. How are you?

Lev: Hello, Jane. I'm fine, thanks. I'm going to apply for US citizenship. By the way, do you know what the requirements for naturalization are?

J: I'm familiar with this procedure since I helped many immigrants to prepare for the examination.

L: What is the first step?

J: The first step is to get an application form, a fingerprint card, and a biographic information form.

L: Where can I get these forms?

J: You'll get them from the nearest office of the Immigration and Naturalization Service.

L: Can I call by telephone and receive these papers by mail?

J: Of course, you can. You'll find the telephone number in the telephone directory.

L: Do I have to pay for getting these papers?

J: No, these forms are furnished without charge.

ПОЛУЧЕНИЕ АМЕРИКАНСКОГО
ГРАЖДАНСТВА

— Привет, Лев. Как дела?

— Здравствуйте, Джейн. Все в порядке, спасибо. Я собираюсь подать заявление на получение американского гражданства. Кстати, вы знаете, каковы требования для получения гражданства?

— Я знакома с этой процедурой, поскольку я помогла многим иммигрантам подготовиться к экзамену.

— С чего надо начать *(букв.:* каков первый шаг)?

— Прежде всего надо получить бланк для заявления, карточку для отпечатков пальцев и анкету для биографических данных.

— Где я могу получить эти бланки?

— Вы получите их в ближайшем отделении Службы иммиграции и натурализации.

— Могу я позвонить по телефону и получить эти бумаги по почте?

— Конечно, можете. Номер телефона вы найдете в телефонной книге.

— Я должен заплатить за получение этих бумаг?

— Нет, эти бланки предоставляются бесплатно.

L: Where are fingerprint services available?

J: It depends — either at an office of the Immigration and Naturalization Service or at the police department.

L: What about the photographs?

J: Along with the forms you must submit three photographs.

L: Where should I mail all these papers after having filled out the forms?

J: You can take or mail them to the nearest office of the Immigration and Naturalization Service.

L: Jane, you mentioned the examination. What kind of examination will I have to pass?

J: They'll ask you questions regarding American history and US government. They will also check your ability to read, write, and speak English.

L: Do I have to speak English fluently?

J: Of course, it is desirable. But at least you'll have to answer some questions the examiner will ask you.

L: And what about my spelling?

J: The examiner usually dictates one or two sentences.

L: Could you give me an example?

J: "I love America" or "I have lived in New York for five years."

L: Are there any books that can help prepare for the examination?

J: Yes, there are several of them. You can find them in any bookstore.

— Где можно сделать отпечатки пальцев?

— Где вам удобно — либо в отделе Службы иммиграции и натурализации, либо в полицейском участке.

— Как насчет фотографий?

— К заполненным анкетам вы должны приложить три фотографии.

— Куда я должен отослать все эти бумаги после их заполнения?

— Вы можете отнести или отправить их по почте в ближайший отдел Службы иммиграции и натурализации.

— Джейн, вы упомянули об экзамене. Какой экзамен я должен буду выдержать?

— Вам зададут вопросы, касающиеся американской истории и правительства США. Они также проверят, можете ли вы читать, писать и говорить по-английски.

— Я должен говорить по-английски бегло?

— Это, конечно, желательно. Но по крайней мере вы должны будете отвечать на вопросы, которые вам задаст экзаменатор.

— А как насчет моей орфографии?

— Обычно экзаменатор диктует одно или два предложения.

— Не могли бы вы привести пример?

— «Я люблю Америку» или «Я живу в Нью-Йорке пять лет».

— Есть ли какие-нибудь книги, помогающие подготовиться к экзамену?

— Да, есть несколько. Вы можете найти их в любом книжном магазине.

L: That's good. Could you name some questions regarding the history of the United States?

J: I can give you some examples, but you should know the entire history of the United States. Here are some questions and answers.

Question: Do you know the names of the first three presidents?

Answer: Yes: George Washington, John Adams, and Thomas Jefferson.

Question: Who wrote the Pledge of Allegiance?

Answer: Francis Bellamy.

Question: Who is the head of the Armed Forces?

Answer: The President.

Question: Can the President declare war?

Answer: No. Only the Congress can declare war.

These are some of the numerous questions that can be asked.

L: Thank you so much, Jane.

— Это хорошо. Можете ли вы назвать несколько вопросов, касающихся истории Соединенных Штатов?

— Я могу привести несколько примеров, но вы должны знать всю историю Соединенных Штатов. Вот некоторые вопросы и ответы.

Вопрос: Назовите имена трех первых президентов.

Ответ: Джордж Вашингтон, Джон Адамс и Томас Джефферсон.

Вопрос: Кто написал текст клятвы верности *(флагу)?*

Ответ: Фрэнсис Бэллами.

Вопрос: Кто является главнокомандующим вооруженных сил?

Ответ: Президент.

Вопрос: Может ли президент объявить войну?

Ответ: Нет. Только Конгресс может объявить войну.

Вот некоторые из многочисленных вопросов, которые могут быть заданы.

— Большое спасибо, Джейн.

USEFUL WORDS AND EXSPRESSIONS

ПОЛЕЗНЫЕ СЛОВА И ВЫРАЖЕНИЯ

to process an application	оформлять заявление
to arrange an appointment	договориться о приеме
to examine an application	проверять заявление
to file a petition	подать прошение
court hearing	слушание в суде

to be found qualified for naturalization	быть признанным достойным натурализации
to take an oath of allegiance to the United States	принять присягу верности Соединенным Штатам
to obtain information	получить информацию
to submit a document	предъявить документ
to meet a requirement	соответствовать требованию
evidence	свидетельство; доказательство

AMERICAN
TELEPHONE SERVICE

Boris: Hello, Ann. How are you doing?

Ann: Fine, thanks. What about you?

Boris: I'm fine. Do you have a couple of spare minutes, Ann?

Ann: Yes, I do. What can I do for you?

Boris: I'd like to ask you several questions about the various types of telephone calls that are available in this country. Some of them are not familiar to me since they are not available in Russia. I'd appreciate your information.

Ann: Okay. Go ahead.

Boris: Let's start with collect calls.

Ann: All operator-assisted calls are to be started with dialing "0". Next dial the area code and the seven-digit number. When the operator answers, say you are placing a collect call and give the name of your party and your own name.

Boris: I see.

Ann: As soon as the person or firm you've called accepts the charges, the operator will leave the line.

АМЕРИКАНСКАЯ
ТЕЛЕФОННАЯ СЛУЖБА

— Привет, Анна. Как дела?

— Спасибо, хорошо. А как вы поживаете?

— Хорошо. У вас найдется несколько свободных минут, Анна?

— Да. Чем могу вам помочь?

— Я хотел бы задать вам несколько вопросов о разных видах разговоров по телефону, имеющихся в Америке. С некоторыми из них я не знаком, так как в России они отсутствуют. Я был бы вам очень признателен за эту информацию.

— Хорошо. Я вас слушаю.

— Начнем с разговоров, оплачиваемых абонентом-ответчиком.

— Если вам нужна помощь телефонистки, всегда набирайте сначала «0». Затем набирайте зональный код и семизначный номер телефона. Когда телефонистка ответит, скажите, что вы звоните "collect". Укажите имя нужного лица и свое имя.

— Понятно.

— С момента, когда лицо или фирма, которым вы звоните, согласятся оплатить этот разговор, телефонистка отключится.

Boris: And what about international calls? May I call collect outside the US?

Ann: Absolutely.

Boris: Can I place a direct dialed call to foreign countries?

Ann: Of course, you can. First you dial the international code number — 011. Next you dial the country and city codes and the telephone number you want.

Boris: And where can I get information about the country and city codes?

Ann: This is easy enough. You'll find all available country and city codes in your telephone directory. If a country's code is not listed there, the operator will assist you for placing the international call.

Boris: I see. My next question refers to third-number calls. I've heard about it, but I don't know how to proceed.

Ann: You can bill your call to a third number. The operator will verify the third number charge by calling that number and confirming that the charges will be accepted. You can use this service if you are calling not from home.

Boris: I got it. I've one question more. What is to be done if I wish to reach a particular person?

— А как обстоят дела с международными разговорами? Можно ли заказать такой разговор за счет лица-ответчика вне США?

— Безусловно.

— Могу ли я созвониться — без помощи телефонистки — с зарубежным абонентом?

— Разумеется. Прежде всего наберите международный код — 011. Затем наберите код соответствующей страны и соответствующего города. После этого можете набрать номер абонента.

— А где я могу узнать насчет кодов стран и городов?

— Это очень просто. В вашей телефонной книге вы найдете все имеющиеся коды стран и городов. Если код соответствующей страны там не упомянут, телефонистка поможет вам при заказе международных разговоров.

— Понятно. Мой следующий вопрос относится к разговорам по телефону, оплачиваемым третьим лицом. Я об этом слышал, но не знаю, как это сделать.

— Ваш разговор может быть оплачен третьим лицом. Телефонистка проверит, согласен ли абонент оплатить разговор. Она позвонит третьему лицу, чтобы подтвердить его согласие на оплату. Вы можете воспользоваться этими услугами, если звоните не из дома.

— Ясно. У меня (к вам) еще один вопрос. Что надо делать, если я хочу вызвать определенное лицо?

Ann: Toward this end, you can call person-to-person. This is also an operator-assisted call. Dial: "0" + area code + 7-digit number. When the operator answers, give the name of the person you wish to talk to. But you should be aware that such calls are rather expensive.

Boris: Thank you so much, Ann. The information you provided me with is really valuable.

— С этой целью вы можете заказать телефонный разговор с определенным абонентом. И для этого вам нужна помощь телефонистки. Наберите «0» + зональный код + семизначный номер. Когда телефонистка ответит, назовите имя и фамилию лица, с которым вы хотите говорить. Но имейте в виду, что подобные разговоры довольно дорогие.

— Большое спасибо, Анна. Вы мне сообщили очень ценные сведения.

USEFUL WORDS AND EXPRESSIONS

ПОЛЕЗНЫЕ СЛОВА И ВЫРАЖЕНИЯ

long distance call — междугородний разговор *(по телефону)*

area code — телефонный индекс

pay phone — телефон-автомат

phone booth — будка телефона-автомата

unlisted — не включенный в телефонную книгу

white pages — телефонная книга, в которой абоненты перечислены по алфавиту

yellow pages — телефонная книга с перечислением профессиональных услуг и разного рода бизнеса

station-to-station call — телефонный разговор без вызова абонента

person-to-person call — телефонный разговор с предварительным вызовом определенного абонента

to call back — позвонить еще раз (перезвонить)

to hang up — положить *(трубку)*

slot — щель *(для монет)*

to dial — набирать *(номер телефона)*

to dial direct	звонить непосредственно *(без помощи телефонистки)*
to connect	соединять
toll-free numbers	номера телефона, пользование которыми бесплатно
answering machine	автоответчик
receiver	трубка *(телефона)*
coin release	возврат монет

USING
THE BANKING MACHINE

Tom: Hi, Olga. How are you?

Olga: I'm fine. Yesterday I got my banking card. Now I don't have to stand in line to the teller. I can use the machine for various banking operations.

T: That saves you a lot of time. Does your bank belong to the NYCE system?

O: What does that mean?

T: NYCE stands for New York Cash Exchange.

O: I see, Tom. But what is the practical difference between NYCE banks and those banks that don't belong to this system?

T: If your bank is a NYCE bank, you can get money or get to know your balance at any bank that belongs to the NYCE system.

O: That seems to be very convenient.

T: Of course, it is. If you don't have time to get to a branch of your bank, you can use the machine of any other NYCE bank.

ПОЛЬЗОВАНИЕ
БАНКОВСКОЙ МАШИНОЙ

— Привет, Ольга. Как дела?.

— Хорошо. Вчера я получила свою банковскую карточку. Теперь мне не нужно стоять в очереди к кассиру. Я могу пользоваться машиной для различных банковских операций.

— Это сэкономит Вам много времени. Ваш банк относится к системе NYCE?

— Что это значит?

— NYCE — это сокращение английских слов «Ньюйоркский денежный обмен».

— Понимаю, Том. Но какая разница между банками, относящимися к системе NYCE и не входящими в нее?

— Если Ваш банк входит в систему NYCE, то Вы можете получить деньги или узнать сколько денег на Вашем счету в любом банке, относящемся к этой системе.

— Кажется, это очень удобно.

— Конечно. Если у Вас нет времени попасть в отделение Вашего банка, Вы можете воспользоваться машиной любого банка, входящего в систему NYCE.

O: Could you give me an example?

T.: Sure. Let's imagine you are a customer of Chase Manhattan Bank. You can use the machines of Manufacturers Hanover Trust, Barclays Bank of New York, Bank Leumi, and many other banks.

O: Are there any differences in using various banking machines?

T: Yes, there are. But these differences are insignificant. All you have to do is to be attentive and follow the instructions.

O: Yesterday my card was validated at the bank. I had to give them my personal identification number. I have already used my card.

T: Keep in mind — in order to get back the card, you have to act swiftly. If you don't pull out the card quickly enough, the card can be captured by the machine. In this case, you have to go to the bank the next day for getting back your card.

O: Good that you've told me about it. Now I'll pay more attention to it. Thanks a lot.

T: Business can't prosper without the consumer. I'll give you an example. You're offered the convenience of banking by phone from your home or office. That gives you direct access to your money 24 hours a day.

— Вы можете привести (мне) пример?

— Конечно. Представьте себе, что Вы являетесь клиентом Чэйз Манхаттэн Бэнк. Вы можете пользоваться машинами Мэнюфэкчэрэрс Хановер Траст, Барклиз Бэнк оф Нью-Йорк, Бэнк Леуми и многих других банков.

— Есть ли различия в пользовании разными банковскими машинами?

— Да, есть. Но эти различия незначительны. От Вас требуется одно — быть внимательной и следовать инструкциям.

— Вчера моя карточка была опробована в банке. Я должна была назвать мой личный специальный код. Я уже пользовалась моей карточкой.

— Имейте в виду — чтобы получить карточку обратно (после окончания процедуры), Вы должны действовать быстро. Если Вы не вытащите карточку достаточно быстро, она может быть втянута машиной. В этом случае Вы должны пойти в банк на следующий день, чтобы получить Вашу карточку.

— Хорошо, что Вы мне об этом сказали. Теперь я буду обращать больше внимание на это. Большое спасибо.

— Бизнес не может процветать без потребителя. Я Вам приведу пример. Банки предоставляют Вам возможность совершать Ваши банковские операции по телефону из дома или из офиса. Это дает Вам доступ к вашим вкладам в течение 24 часов.

O: Great. Banking by phone is just a new kind of consumer service. Thank you, Tom, for this information.

— Замечательно. Осуществление банковских операций по телефону — это новый вид потребительских услуг. Спасибо, Том, за информацию.

HOUSEHOLD CHORES

Svetlana: Hello, Jane. How are you?

Jane *(a neighbor):* I'm fine. How have you been?

S: Pretty good.

J: You look a bit tired, Svetlana.

S: I have a full-time job now. Housework is to be done as usual. But I can cope with it.

J: Do the other family members help you with the housework?

S: They all try to help me as much as possible.

J: I see. As for me, I don't like to cook. Therefore my husband makes dinner on weekends. On workdays we have cold cuts.

S: In my family, I do the cooking. My daughter does the dishes. My husband vacuums the whole apartment at least once a week. Dusting is my daughter's business.

J: That keeps all family members busy. And who goes shopping?

ДОМАШНИЕ ХЛОПОТЫ

— Здравствуйте, Джейн. Как поживаете?

— Хорошо. Как ваши дела?

— Неплохо.

— Вы выглядите немного усталой, Светлана.

— Я теперь работаю на полной ставке. Домашнее хозяйство нужно вести по-прежнему. Но я справляюсь.

— Другие члены семьи помогают вам в ведении хозяйства?

— Они все стараются помочь мне, как только могут.

— Понятно. Что касается меня, то я не люблю готовить. Поэтому по уикэндам мой муж готовит обед. В будни мы едим холодные мясные закуски.

— У нас дома *(букв.: в моей семье)* я занимаюсь готовкой. Моя дочь моет посуду. Муж пылесосит всю квартиру по крайней мере раз в неделю. Вытирать пыль — дело моей дочери.

— Таким образом, все члены семьи заняты. А кто делает покупки?

S: My husband usually goes shopping once a week. I buy detergents, soap and toothpaste. Once I asked my husband to buy a dishwashing liquid. He bought a window cleaner instead. He is always in a rush.

J: You're perfectly right. There are certain errands that I don't ask my husband to do. He goes only to the supermarket, but not to the grocery. There I shop myself.

S: I'm sorry. I smell something burning in the kitchen. Have a nice evening, Jane.

— Обычно мой муж покупает продукты раз в неделю. Я покупаю детергенты, мыло и зубную пасту. Однажды я попросила мужа купить жидкость для мытья посуды. Он купил вместо этого жидкость для мытья окон. Он всегда торопится.

— Вы совершенно правы. Я не даю моему мужу некоторых поручений. Он ходит только в супермаркет, но не в бакалейный магазин. Там делаю покупки я сама.

— Простите. Я чувствую, что в кухне что-то подгорает. Всего хорошего, Джейн.

USEFUL WORDS AND EXPRESSIONS

ПОЛЕЗНЫЕ СЛОВА И ВЫРАЖЕНИЯ

household chores	хлопоты по хозяйству
housewife	домашняя хозяйка
to make dinner *(breakfast, lunch)*	приготовить обед *(завтрак, ланч)*
to do the cooking	готовить; стряпать
to do the dishes	мыть посуду
to make the beds	застелить постели
laundry	белье *(перед или после стирки)*; прачечная
to do the laundry	стирать *(белье)*
to clean out	убирать
to clean a carpet	чистить ковер
leftovers	остатки пищи
to take out the garbage	вынести мусор
errand	поручение
to sweep *(the floor)*	подмести *(пол)*
to vacuum	пылесосить

vacuum cleaner	пылесос
dishwasher	посудомоечная машина
dishwashing liquid	жидкость для мытья посуды
mop	швабра
brush	щетка
to brush	чистить щеткой
broom	метла
tablecloth	скатерть
dust	пыль
to dust; to do the dusting	вытирать пыль
washing mashine	стиральная машина
dryer	сушилка *(для белья)*

MEETING YOUR CHILDREN'S TEACHERS

Ms. Roberts: Come in, please. Are you Mr. Novikov?

Mr. Novikov: How do you do, Miss Roberts. I wonder that you've recognized me.

Ms. R: It's easy enough. I know all the other parents. You've come here for the first time.

Mr. N: Now we'll be in touch, Miss Roberts.

Ms. R: You've a lovely daughter. Tanya tries very hard to learn English.

Mr. N: How is she doing in class?

Ms. R: Very well indeed. In a year she'll speak English fluently. By the way, does Tanya have any difficulty doing her homework?

Mr. N: Not at all. She does her homework without effort.

Ms. R: How does Tanya spend her leisure? Does she watch television?

Mr. N: Yes, she does. She watches educational programs — like "Nature", "National Geographic" etc.

ВСТРЕЧИ РОДИТЕЛЕЙ С УЧИТЕЛЯМИ

— Заходите, пожалуйста. Г-н Новиков?

— Здравствуйте, мисс Робертс. Я удивлен, что вы меня узнали.

— Это нетрудно. Я знакома со всеми остальными родителями. Вы здесь впервые.

— Теперь мы будем поддерживать связь, мисс Робертс.

— У вас чудесная дочка. Таня очень старается овладеть английским (букв.: изучить английский).

— Как она занимается в классе?

— Очень хорошо. Через год она будет бегло говорить по-английски. Кстати, Тане бывает трудно выполнять домашние задания?

— Вовсе нет. Она это делает с легкостью.

— Как Таня проводит свое свободное время? Она смотрит телевизионные передачи?

— Да. Она смотрит образовательные программы — о природе, географии и т. д.

Ms. R: Great. Tanya makes rapid progress. Her spelling is better than that of some American born students. Tanya will be able to participate in regular English classes very soon. Thanks for coming in. It was a pleasure meeting you. Good-bye.

— Прекрасно. Таня быстро улучшает свои знания. Ее правописание лучше, чем у некоторых школьников, родившихся в Америке. Очень скоро Таня сможет принимать участие в работе общих английских классов. Спасибо, что зашли. Было приятно познакомиться с вами. До свидания.

*   *
*

Mr. N: Are you Miss Golden?

— Вы мисс Гольден?

Ms: Golden: Yes, I am.

— Да.

Mr. N: I am Michael Novikov, Tanya's father.

— Я Михаил Новиков, отец Тани.

Ms. G: Please have a seat, Mr. Novikov. Tanya is very well prepared. In math, Tanya can serve as an example to the other students.

— Пожалуйста, садитесь, г-н Новиков. У Тани очень хорошая подготовка. По математике она может служить примером для других учеников.

Mr. N: Is she active in class?

— Таня активна в классе?

Ms. G: She answers only when called on. She shows good discipline. Tanya isn't overly active as some other kids are who can never sit still. Tanya is doing just fine.

— Она отвечает только, когда ее вызывают. Она дисциплинирована. Таня не сверхактивна, как (некоторые) другие ребята, которые не могут спокойно сидеть на месте. С Таней все в порядке.

Mr. N: I'm glad to hear it.

— Рад слышать это.

Ms. G: I hope to meet you next term. Good-bye.

— Надеюсь встретиться с вами *(снова)* в следующем семестре. До свидания.

Mr. N: Good-bye, Miss Golden.

— До свидания, мисс Гольден.

*   *
*

Mrs. Chernov: Are you Mr. Johnson?

— Господин Джонсон?

Mr. Johnson: Yes, I am.

— Да.

Mrs. Ch: How do you do? I'm Peter Chernov's mother.

Mr. J: Good to have you here, Mrs. Chernov. Take a seat, please. We've a lot to talk about.

Mrs. Ch: Are there any problems?

Mr. J: Yes, there are. Peter is doing poorly in class. He has to work harder. The other Russian kids in my special English class are doing much better than Peter. Peter is a bright boy who is capable of doing excellent work, but he is not attentive enough.

Mrs. Ch: I hope there will be some progress. I'll talk to Peter. With your help and mine, things can be turned around.

Mr.: I hope so. We'll be in touch. Goodbye, Mrs. Chernov.

— Здравствуйте. Я мать Петра Чернова.

— Хорошо, что вы здесь, г-жа Чернова. Садитесь, пожалуйста. Нам обо многом нужно поговорить.

— Какие-нибудь трудности?

— Да. Петр плохо занимается в классе. Он должен больше работать. В моем специальном английском классе *(для иммигрантов)* другие дети из России учатся гораздо лучше. Петр умный парень; он может учиться *(букв.: работать)* прекрасно, но он недостаточно внимателен.

— Я надеюсь, что наступит какой-то сдвиг. Я поговорю с Петром. С вашей и моей помощью положение изменится к лучшему.

— Надеюсь. Будем поддерживать контакт. До свидания, г-жа Чернова.

AT THE EMERGENCY ROOM

Doctor: — Hello. I'm Dr. Miller. What's your problem?

Victor: — I slipped on an icy sidewalk and hurt the ankle of my left foot.

— It looks pretty swollen. Let's see. Can you move your foot?

— No, I can't.

— Does it hurt when I bend your foot?

— Yes.

— It may be a fracture or a sprain. An X-ray will be taken, then we'll know what's to be done.

— Doctor, could you give me something for my pain?

— Are you allergic to any drugs?

— No, I am not.

— Take these two capsules. *(Nurse is giving Victor a glass of water).*

В ПУНКТЕ СКОРОЙ ПОМОЩИ

Врач: — Здравствуйте! Я доктор Миллер. Что случилось?

Виктор: — Я поскользнулся на покрытом льдом тротуаре и повредил себе щиколотку левой ноги.

— Да, сильно опухло *(букв.* на вид сильно опухло). Посмотрим. Вы можете двигать ногой?

— Нет, не могу.

— Вам больно, когда я сгибаю вашу ногу?

— Да.

— Это либо перелом (кости), либо растяжение связок. Сделаем рентген, тогда будет ясно, что следует предпринять.

— Доктор, вы можете дать мне какое-нибудь болеутоляющее средство?

— У вас есть аллергия к каким-нибудь лекарствам?

— Нет.

— Примите эти две капсулы *(медсестра подает Виктору стакан воды).*

*　　*

*

— The X-ray shows a fractured ankle. We'll put your foot in a cast.

— Рентген показывает перелом щиколотки. Мы наложим гипс (на вашу ногу).

— How long will I need the cast?

— Как долго я должен буду ходить в гипсе (букв.: буду нуждаться в гипсе)?

— At least six weeks.

— По крайней мере шесть недель.

* *

*

Doctor: — Hi. What's the trouble?

Врач: — Здравствуйте. Что вас беспокоит?

Maria: — I have terrible pains because of my gall bladder.

Мария: — Я испытываю ужасные боли. Это из-за желчного пузыря.

— How do you know that your pain is caused by your gall bladder?

— Откуда вы знаете, что боль вызвана состоянием желчного пузыря?

— It's not for the first time (turning to her husband). Show the doctor the X-ray and the previous diagnosis.

— Это не впервые. (Обращаясь к мужу). Покажи доктору рентгеновский снимок и прежний диагноз.

— I see. But I'm going to have another X-ray taken.

— Да, понятно. Но мне придется сделать вам еще один рентгеновский снимок.

— Will surgery be necessary?

— Нужно будет делать операцию?

— As soon as the X-ray is taken, our surgeon will see you. He'll make the decision.

— Как только будет готов рентгеновский снимок, вас осмотрит хирург. Он и примет (соответствующее) решение.

— Doctor, I can't bear any more pain. Please, give me some painkiller.

— Доктор, я больше не могу терпеть, так больно. Дайте мне, пожалуйста, болеутоляющее средство.

— The nurse will give you something for the pain.

— Сестра даст вам болеутоляющее средство.

AT THE HOSPITAL

Tom *(dialing the hospital information number)*: Good afternoon. I'm calling to ask you about the condition of a patient of yours. Her name is Galina Belkin.

Operator: — What's the room number?

— I guess it is number 403.

— What was the name again?

— Belkin.

— Belkin... Galina?

— Yes.

— The patient has been moved to room number 501.

— All right. What is her condition?

— Satisfactory.

— What are the hospital visiting hours?

— The visiting hours are from 1 P.M. to 8 P.M.

— Thank you.

* *

*

Tom: — How do you feel Galina?

Galina: — I'm feeling much better now.

В БОЛЬНИЦЕ

Том *(набирая номер телефона справочной больницы)*: — Добрый день. Я хотел бы узнать *(букв.:* звоню, чтобы справиться) о состоянии (здоровья) одной из ваших больных. Ее зовут Галина Белкина.

Телефонистка: — Номер палаты?

— Кажется, номер 403.

— Повторите имя (больного).

— Белкина.

— Белкина... Галина?

— Да.

— Пациента перевели в палату номер 501.

— Хорошо. Как она себя чувствует?

— Удовлетворительно.

— Когда разрешается навещать больных?

— С часу дня до 8 час. вечера.

— Спасибо.

Том: — Как ты себя чувствуешь, Галина?

Галина: — Теперь я чувствую себя гораздо лучше.

50

— When are they going to discharge you?

— My doctor has told me that they would discharge me next week.

— Glad to hear it. I'll come back and see you again the day after tomorrow. Is there anything I can bring you?

— The food is excellent here. It's like being served at a restaurant. I'm not used to it. Newspapers can be bought in the hospital. The only thing I would like to have is a good book.

— A Russian book?

— Russian or English, it doesn't matter.

*   *

*

Ann is speaking to the surgeon who performed an operation on her husband.

Ann: — How is he now, doctor?

Dr. Wilson: — Two hours ago, he was transferred from the intensive care unit to a semiprivate room. You can visit him in the afternoon.

— How was the operation?

— It was an acute case of appendicitis. The appendix has been removed. Because of the fever, he was taken to the intensive care unit. I hope he might be discharged in about a week.

— Thank you, doctor.

— You are welcome.

— Когда они собираются тебя выписать?

— Врач сказал мне, что меня выпишут на следующей неделе.

— Рад это слышать. Я снова приду к тебе послезавтра. Принести тебе что-нибудь?

— Кормят здесь прекрасно. Прямо как в ресторане *(букв.: как будто тебя обслуживают в ресторане)*. Я к этому не привыкла. В больнице можно купить газеты. Единственное, чего мне не хватает *(букв.: что я хотела бы иметь)*, это — хорошей книги.

— На русском языке?

— На русском или английском, не имеет значения.

Анна говорит с хирургом, который оперировал ее мужа.

Анна: — Как он теперь, доктор?

Д-р Уилсон: — Два часа тому назад его перевели из отделения интенсивной терапии в палату для двух человек. Вы можете навестить его во второй половине дня.

— Как прошла операция?

— Это был острый приступ аппендицита. Был удален аппендикс. Из-за (повышенной) температуры его поместили в отделение интенсивной терапии. Надеюсь, что примерно через неделю его можно будет выписать.

— Спасибо, доктор.

— Пожалуйста.

USEFUL WORDS AND EXSPRESSIONS

ПОЛЕЗНЫЕ СЛОВА И ВЫРАЖЕНИЯ

seriously ill patient	серьезно больной пациент
patient confined to bed	пациент, прикованный к постели
to take care of a patient	ухаживать за больным
to examine a patient	осматривать больного
to put smb. in the hospital	класть кого-либо в больницу
to be in the hospital	лежать в больнице
to discharge a patient (from the hospital)	выписать кого-либо (из больницы)
hospital with 200 (300) beds	больница на 200 (300) коек
outpatient clinic	поликлиника
attack of pain	приступ боли
to complain of pain	жаловаться на боль
to cause pain	причинять боль
to alleviate pain	смягчать боль
to feel pain	чувствовать боль
intensive pain	сильная боль
sharp (acute) pain	резкая боль

TAKING A CAB

Calling Car Service

Boris: — Hello, is this Bluebird Car Service?

Dispatcher: — Yes, it is.

— I need a cab, please.

— What time do you need a cab, sir?

— As soon as possible. I'm going to Kennedy Airport. My plane is leaving in about two and a half hours. How long will it take your driver to get to my place?

— What is your address?

— 35-63 82nd Street, Apartment 3-B, Jackson Heights.

— We should probably pick you up in 15 minutes. What is your telephone number?

— (718) 433-2184. And how long will it take to get to the airport?

— Since it's rush hour, it would take about forty minutes. Is that okay?

— That'll be fine. I'll wait for the cab outside my house. What color is the cab?

ПОЕЗДКА НА ТАКСИ

Вызов такси

Борис: — Здравствуйте! Это Блюберд-Кар-Сервис?

Диспетчер: — Да.

— Мне нужно вызвать такси.

— На какое время вам нужно такси, сэр?

— Как можно скорее. Я поеду в аэропорт им. Кеннеди. Мой самолет отправляется через два с половиной часа. Сколько времени потребуется вашему водителю, чтобы добраться до моего дома?

— Ваш адрес?

— 35-63 82-я улица, квартира 3-Б, Джексон Хайтс.

— Мы, очевидно, заедем за вами через 15 минут. Ваш номер телефона?

— (718) 433-2184. И сколько времени потребуется, чтобы попасть в аэропорт?

— Так как мы поедем в час пик, поездка займет примерно 40 минут. Это вас устраивает?

— Вполне. Я буду ждать такси на улице, перед домом. Какого цвета машина?

— It's a green car.

— How much is it going to cost me?

— Twenty five dollars.

— All right.

The Cab is Arriving

Boris: — I guess you are looking for me?

Driver: — Did you call a cab?

— Yes, I did. *(Driver puts the suitcases into the trunk).*

— Get in, sir. Going to Kennedy Airport?

— Yes. Will you make it in forty minutes?

— I hope so. I'll take the highway. If traffic is not heavy, we'll get to the Airport even in about thirty five minutes. *(Reaching the highway).*

Boris: — Traffic isn't that heavy as I feared.

Driver: — Okay, sir. You'll arrive at the Airport earlier than expected. Which airline do you need?

— Air France.

— Here we are *(opens the trunk and takes out the suitcases).*

— You made it *(pays for the ride and tips the driver).*

— Thank you. Have a good trip.

— Thanks.

— Машина зеленая.

— Сколько это будет стоить?

— Двадцать пять долларов.

— Ладно.

Такси подъезжает

Борис: — Наверно, вы меня ищете?

Водитель: — Вы вызывали такси?

— Да. *(Водитель кладет чемоданы в багажник).*

— Садитесь, сэр. Значит, поедем в аэропорт им. Кеннеди?

— Да. Вы сумеете доехать за сорок минут?

— Надеюсь. Я выеду на шоссе. Если движение не очень большое, то мы доедем до аэропорта даже за тридцать пять минут. *(Выезжая на шоссе).*

Борис: — Движение не такое большое, как я думал *(букв.: как я опасался).*

Водитель: — Хорошо, сэр. Вы прибудете в аэропорт быстрее, чем предполагали. Какая авиалиния вам нужна?

— Эр Франс.

— Вот мы и приехали *(открывает багажник и вытаскивает чемоданы).*

— Успели *(платит за поездку и дает водителю чаевые).*

— Спасибо. Желаю хорошего полета!

— Благодарю.

USEFUL WORDS
AND EXPRESSIONS

to take a taxi	взять такси
to watch the meter	следить за счетчиком
to pick up	заехать за
taxi ride	поездка на такси
the ride takes 30 (20) minutes	поездка длится 30 (20) минут
to roll down the window	опустить окно
to tip the driver	давать водителю на чай
heavy traffic	большое движение

ПОЛЕЗНЫЕ СЛОВА
И ВЫРАЖЕНИЯ

RENTING A CAR

Agent: — Hi. May I help you?

Valentin: — I reserved a car yesterday. I've come to pick it up.

— What's your name, sir?
— Valentin Leshchenko.

— Okay. Let me see. It's an Olds Tornado.

— Yes. May I see it?

— Of course. Unfortunately I can't leave the office. You'll find the car rental area on your own. Go straight ahead and then turn to the right. There you'll find your Olds Tornado.

— All right. I'll be back in a couple of minutes.

*   *

*

Valentin *(entering the office a few minutes later):* — Okay. I like the car. I've some additional questions. What about the gas mileage?

— This car will get you good gas mileage.

МАШИНА НАПРОКАТ

Служащий: — Здравствуйте. Чем могу помочь?

Валентин: — Я зарезервировал вчера машину. Пришел, чтобы ее забрать.

— Ваше имя, сэр?

— Валентин Лещенко.

— Хорошо. Сейчас проверю. Это — «Олдс(мобиль) Торнадо».

— Да. Можно посмотреть машину?

— Конечно. К сожалению, я не могу отлучиться из конторы. Вы сами найдете площадку для арендуемых машин. Идите прямо, а затем свернете направо. Вы обнаружите предназначенную для вас (машину) «Олдс Торнадо».

— Хорошо. Я вернусь через несколько минут.

Валентин *(входя в контору через несколько минут):* — Все в порядке. Мне нравится эта машина. У меня несколько дополнительных вопросов. Сколько бензина она расходует?

— Она экономична.

56

— Does the car have air conditioning?

— Yes, it does.

— Okay. I'll take it.

— Could you sign just here, sir? Will that be cash or charge?

— Charge. Do you accept Visa?

— That'll be fine.

— When and where should I bring the car back?

— You should bring the car back to the same place on Friday until 6 P.M.

— Okay. To be on the safe side, I would like to know what I should do if I have some trouble with the car?

— You shouldn't have any trouble. It's a reliable car. But if something should happen, just call this number *(gives him a card)*.

— Good.

— Do you have any further questions?

— Yes. I've just read the agreement. I don't see where the insurance is mentioned.

— Look at the boxes on page 2.

— Oh, yes, thanks.

— At the bottom of the form, you'll see that in case of accident you are expected to notify the police in the town where

— Машина снабжена кондиционером?

— Да.

— Хорошо, я ее беру.

— Распишитесь, пожалуйста, здесь, сэр. Вы будете платить наличными или по кредитной карточке?

— По кредитной карточке. Вы принимаете «Визу»?

— Да, разумеется.

— Когда и куда я должен вернуть машину?

— Вы должны вернуть машину сюда же в пятницу, до шести часов вечера.

— Ладно. На всякий случай, я хотел бы знать, что мне надо делать, если у меня с машиной будут неполадки?

— Никаких неприятностей у вас с ней не будет. Это машина надежная. Но если все же что-то случится, позвоните по этому номеру *(дает ему визитную карточку)*.

— Хорошо.

— У вас есть еще какие-нибудь вопросы?

— Да. Я только что прочитал соглашение. Я не вижу упоминания о страховке.

— Взгляните на (соответствующие) разделы на стр. 2.

— Ах, да. Спасибо.

— В конце *(букв.: внизу)* соглашения вы заметите, что в случае аварии вы должны сообщить об этом полиции

you are. You would have to fill out one of our forms, too. I hope you won't need them.

— So do I.
— Have a nice trip.

того города, где вы в это время будете находиться. Вам также придется заполнить одну из наших анкет. Но я надеюсь, что вам это не понадобится.

— Я тоже так думаю.
— Счастливой поездки.

AT THE STATIONERY

Customer: Hi, Joe.

Shopkeeper: Hello, ma'am. Nice to see you again. What can I do for you?

— I need some greeting cards.

— What kind of cards should it be?

— One of them is for my niece. She'll have her tenth birthday in a couple of days. The other one is for an old friend of mine who is recuperating after surgery.

— In the corner to your right, there are various happy-birthday cards for relatives. There you'll find a nice card for your niece. On the upper shelf, there are get-well cards.

— All right, Joe. These two cards, please. I see you've put in some additional merchandise.

— Now we have cards for all occasions: for birthdays, weddings, anniversaries, for all sorts of celebration. As you can see, we're pretty crowded.

В МАГАЗИНЕ КАНЦЕЛЯРСКИХ ТОВАРОВ

Покупатель: — Привет, Джо.

Хозяин магазина: — Здравствуйте, мадам. Рад вас снова видеть. Чем могу помочь?

— Мне нужны поздравительные открытки.

— Какие именно?

— Одна из них предназначена для моей племянницы. На днях ей исполнится десять лет. А другая (открытка) мне нужна для старого приятеля. Он выздоравливает после операции.

— В углу справа от вас разные поздравительные открытки ко дню рождения родственников. Там вы найдете красивую открытку для вашей племянницы. На верхней полке — открытки с пожеланием скорого выздоровления.

— Хорошо, Джо. Эти две открытки, пожалуйста. Я вижу, что у вас появились новые товары.

— Да. Теперь у нас открытки на все случаи жизни: на дни рождения, на свадьбы и юбилеи, для любых празднеств. Как вы видите, полки переполнены.

— Where are your stationery supplies now?

— On the shelves behind you. There we keep notebook paper, typing paper, envelopes, pens, pencils, markers, erasers, various brands of glue etc.

— I'm glad you are doing well.

— But it's a rather hard work. I'm in my store ar least 12 hours a day.

— I see. But you are your own boss.

— That's right.
(Paying for the merchandise): — Take care, Joe.

— А где теперь ваши канцелярские принадлежности?

— На полках позади вас. Там у нас бумага для заметок, бумага для машинки, конверты, ручки, карандаши, фломастеры, ластики, клей разных сортов и т. п.

— Я рада, что у вас дела идут хорошо.

— Да, но работа нелегкая. Я нахожусь в магазине минимум 12 часов в день.

— Понятно. Но (зато) вы сами себе хозяин.

— Да, это верно.
(Платит за товар). — Будьте здоровы, Джо.

* *

*

Saleswoman: May I help you?

Customer: Two ball-point pens, please.

— What color should it be?

— A black one and a blue one.

— We have a very good selection of ball-point pens. They are just in front of you.

— How much is such a ball-point pen?

— Two dollars 20 cents.

— Okay. I'll take both pens. Do you carry refills for these ball-point pens?

— Certainly, sir.

— Two refills for both pens.

Продавщица: — Чем могу помочь?

Клиент: — Две шариковые ручки, пожалуйста.

— Какого цвета?

— Одну черную, другую синюю.

— У вас большой выбор шариковых ручек. Они прямо перед вами.

— Сколько стоит такая шариковая ручка?

— Два доллара 20 центов.

— Ладно. Я возьму обе. У вас есть запасные стержни для этих шариковых ручек?

— Разумеется, сэр.

— (Дайте мне) два запасных стержня для обеих ручек.

— Okay. Anything else?

— Yes. I'm looking for a mailing tape. I need it for sealing large envelopes.

— To the left of you, there is a wide choice of tapes.

— All right. What about this tape?

— That is just the tape you are looking for.

— Does it correspond with US postal standards?

— Absolutely. Is that all?

— Yes, that's it.

— Хорошо. Что-нибудь еще?

— Я ищу ленту для почтовых отправлений. Она мне нужна для заклеивания больших конвертов.

— Слева от вас — ленты в большом ассортименте.

— Хорошо. Как эта лента, подойдет?

— Это как раз то, что вы ищете.

— Она соответствует стандартам (требованиям) американского почтового ведомства?

— Вполне. Это все (что вам требуется)?

— Да, все.

AT A BOOKSTORE

Vladimir: Do you work here?

Salesperson: Yes, I do. Can I help you?

V: I am looking for English textbooks.

S: They are to your left. There you can find various ESL books.

V: Sorry?

S: ESL stands for English as a Second Language.

V: I see. And where should I look for reference books?

S: In the next room.

*　　*

*

A: I'm looking for the latest novel by Milan Kundera.

B: The book was sold out immediately, but we can order it for you again.

A: How long will it take?

B: About five workdays.

A: I'll come at the end of next week. All right?

B: We'll already get the book next Wednesday.

A: I'll call you before coming to the store.

B: Okay.

*　　*

*

В КНИЖНОМ МАГАЗИНЕ

— Вы здесь работаете?

— Да. Чем могу вам помочь?

— Я ищу учебники по английскому языку.

— Они слева от вас. Там вы найдете разные книги по И-Эс-Эл.

— Простите?

— И-Эс-Эл означает «Английский как второй язык».

— Понятно. А где мне искать справочники?

— В соседнем помещении.

— Я ищу последний роман Милана Кундеры.

— Книга была сразу распродана, но мы можем ее для вас заказать.

— Как долго это будет?

— Около пяти рабочих дней.

— Я приду в конце следующей недели. Хорошо?

— Мы получим книгу уже в следующую среду.

— Прежде чем прийти в магазин, я вам позвоню.

— Хорошо.

C: Do you have an unabridged edition of Vladimir Nabokov's letters? A year ago, I was told that the book was out of print.

D: Just a moment. I'll check it. — The book was reprinted a couple of months ago. A few copies have been left.

C: May I see the book?

D: Here you are.

C: That's the edition I'm looking for. It is not only unabridged, but it also contains an extensive bibliography. How much is it?

D: 24 dollars.

— У вас есть несокращенное издание писем Владимира Набокова? Год тому назад мне сказали, что эта книга больше не переиздается.

— Одну секунду. Я (сейчас) проверю. Книга была переиздана несколько месяцев тому назад. У меня осталось несколько экземпляров.

— Можно мне взглянуть на книгу?

— Вот она.

— Это (как раз) то издание, которое я ищу. Издание это не только несокращенное, но оно содержит также подробную библиографию. Сколько (книга) стоит?

— 24 доллара.

*   *

*

— As far as I know, there is a hardcover edition of Thomas Friedman's "From Beirut to Jerusalem". Is this book also available in paperback?

— I'll check it for you. — Yes, you can have it in paperback.

— Поскольку я знаю, книга Томаса Фридмана «Из Бейрута в Иерусалим» издана в твердой обложке. Но есть ли в продаже эта книга в мягкой обложке?

— Я сейчас проверю. — Да, вы можете купить ее в мягкой обложке.

*   *

*

M: Where are the travel books?

N: To your right.

— Где (у вас) книги по путешествиям?

— Справа от вас.

M: I see here a guide-book for Europe. But what I'm looking for is a guide-book for Britain only. The author's name is Fodor.

N: We've ordered the book. We'll get it in a couple of days.

M: Okay. What about an English — Russian dictionary?

N: We have various editions of English — Russian dictionaries. You'll find them in our Reference Department.

M: Thank you.

USEFUL WORDS AND EXPRESSIONS

novel

historical novel

science-fiction novel

satirical novel

character of a novel

short story

abridged edition

unabridged edition

revised edition

thriller

rare book

children's book

detective story

detective novel

cookbook

jacket

cover

to reprint

to order a book

a book is published

— Я здесь вижу путеводитель по Европе, но я ищу путеводитель специально по Великобритании. Фамилия автора — Фодор.

— Эту книгу мы заказали. Мы ее получим через несколько дней.

— Хорошо. Как насчет англо-русского словаря?

— У нас разные издания англо-русских словарей. Вы их можете найти в нашем справочном отделе.

— Спасибо.

ПОЛЕЗНЫЕ СЛОВА И ВЫРАЖЕНИЯ

роман

исторический роман

научно-фантастический роман

сатирический роман

герой романа

рассказ

сокращенное издание

полное (несокращенное) издание

исправленное издание

захватывающий роман

редкая книга

детская книга

детектив (рассказ)

детектив (роман)

поваренная книга

суперобложка

обложка (книги или журнала)

переиздать

заказать книгу

книга вышла в свет

ON WEEKENDS

Lynn: Hi, Mark. How have you been?

Mark: Pretty good. And you?

— Okay. By the way, do you like American musicals?

— I have not yet been at the theater in New York. I watched several musicals on TV.

— I asked you this questions not because of idle curiosity. We've two extra tickets for Sunday night.

— What is on?

— They are playing "Grand Hotel". The cast is very good.

— Wasn't there a movie under the same title?

— Right. It was a famous film with Greta Garbo.

— As for me, I would like very much to see this performance. I'm sure Sonya will join our company.

— Great. Before going to the theater, we invite you to a restaurant for dinner.

— Thank you.

УИКЭНД

Лин: — Привет, Марк. Как дела?

Марк: Неплохо. А как вы поживаете?

— Хорошо. Между прочим, вам нравятся американские мюзиклы?

— Я еще не был в театре в Нью-Йорке. Несколько музыкальных комедий я смотрел по телевидению.

— Я спрашиваю вас (об этом) не из праздного любопытства. У нас есть два лишних билета на воскресный вечер.

— Что идет?

— Они ставят «Гранд-Отель». Состав исполнителей очень хорош.

— Не было ли фильма под таким же названием?

— Правильно. Был знаменитый фильм с Гретой Гарбо.

— Что касается меня, то я очень хотел бы посмотреть этот спектакль. Я уверен, что Соня присоединится к нам.

— Отлично. Перед началом спектакля мы вас приглашаем пообедать в ресторане.

— Спасибо.

— I'll give you a call on Saturday night.

— Я вам в субботу вечером позвоню.

— Good.

— Хорошо.

* *

*

Lev: Hi, Jack.

Jack: Hello, Lev. What a pleasant surprise! What are you doing on Saturday?

— First I hope to sleep late. On weekdays I don't get enough sleep.

— When do you usually get up?

— At 6 A.M. It takes me more than an hour to get to work on time. On weekends I sleep late, till 9 o'clock.

— I see. Are you going to stay at home next Saturday?

— Before lunch, I've to wash my car. Next I'm planning to paint the bathroom. In the afternoon, I'm going to get a haircut. And what about you? What are your plans?

— After breakfast, I've to make a few phone calls. Then I would like to play tennis. Do you play tennis, Lev?

— I could play tennis years ago, but I am not very good at it now. Can you play well?

— Yes, I can. What sport do you go in for?

— I used to play basketball. Now I don't have time for it. Twice a week I go to the swimming pool. That's all.

Лев: — Здравствуйте, Джек.

Джек: — Привет, Лев. Какая приятная случайность! Что вы собираетесь делать в субботу?

— Прежде всего, надеюсь отоспаться. В будни я не высыпаюсь.

— Когда вы обычно встаете?

— В шесть утра. У меня уходит больше часа, чтобы попасть на работу вовремя. По уикэндам я сплю дольше — до 9 утра.

— Понятно. Ближайшую субботу вы проводите дома?

— До ланча мне предстоит вымыть машину. Затем я собираюсь покрасить ванную комнату. Во второй половине дня я пойду стричься. А каковы ваши планы на субботу?

— После завтрака мне придется позвонить в несколько мест по телефону. Потом хотелось бы поиграть в теннис. А вы, Лев, играете в теннис?

— Много лет назад я неплохо играл в теннис. Теперь я играю неважно. А вы хорошо играете?

— Да. Каким спортом вы увлекаетесь?

— В свое время я играл в баскетбол. Теперь у меня на это нет времени. Дважды в неделю я хожу в плавательный бассейн. Вот и все.

— Could you come over on Sunday at about 4 P.M.? We can watch cable TV. They'll broadcast autoracing in Indianapolis. We can also switch to another channel for watching the Wimbledon Tennis Championship.

— It sounds like fun.

— We would be glad if Natasha could come too.

— Thank you. I'll try my best to persuade her to come along.

— Не могли бы вы к нам зайти в воскресенье, часам к четырем? Мы бы посмотрели по кабельному телевидению автогонки в Индианаполисе. Мы также могли бы переключиться на другой канал и посмотреть теннисный турнир в Уимблдоне.

— Это было бы интересно.

— Мы были бы рады, если бы Наташа тоже смогла прийти.

— Спасибо. Я постараюсь уговорить ее прийти со мной.

AT ONE'S LEISURE

Boris *(accompanying Jane after work):* — Jane, I'm going to see the new Woody Allan movie tonight. Would you like to go with me?

Jane: I have already seen that movie. I went last week.

— Did you like it? Was it funny?

— It's one of the best comedies I have ever seen.

— I'll certainly go to see this movie.

— I know you are a regular moviegoer.

— That's right. Seeing movies is not only fun but also extremely useful. American movies have enriched my English vocabulary.

— Do you experience any difficulties in understanding American movies?

— At the beginning it was not easy to understand the colloquial language that is spoken in most films. But by and by it became easier to grasp the meaning. At present I understand 90 percent of most American movie dialogues.

НА ДОСУГЕ

Борис: *(провожая Джейн после работы)* — Джейн, я собираюсь сегодня вечером пойти на новый фильм Вуди Аллена. Вы не хотели бы пойти со мной?

Джейн: — Я уже смотрела эту картину на прошлой неделе.

— Вам она понравилась? Было смешно?

— Это одна из лучших комедий, которую я когда-либо видела.

— Я непременно посмотрю этот фильм.

— Я знаю, вы часто *(букв.:* регулярно) ходите в кино.

— Это верно. Смотреть фильмы (для меня) — это не только удовольствие, но и очень полезно. Американские фильмы обогатили мой словарный запас английского языка.

— Вам трудно понимать американские фильмы?

— Вначале было нелегко понимать разговорный язык, на котором говорят в большинстве фильмов. Но постепенно стало легче понимать смысл. В настоящее время я понимаю 90 процентов диалогов в большинстве американских фильмов.

— That's great. Do you watch television too?

— Yes, I do. I watch the evening news.

— Which channel do you prefer?

— I prefer Channel 13, because there are no commercials.

— What else do you watch?

— On Sunday evenings, I usually watch Masterpiece Theater. The artistic level of these TV series is very high.

— You've a good taste, Boris. Do you enjoy American baseball?

— To tell the truth, I'm not interested in baseball. I prefer soccer.

— Some of my friends say you have to be American born to be a baseball fan.

— Yeah, that's right.

— So you are going to see the Woody Allan movie tonight?

— I think so. What about going to a good Russian restaurant for dinner?

— I'd love to.

— Have you ever been at a Russian restaurant? The cuisine is excellent there.

— I'haven't yet been there.

— What about next Saturday?

— Saturday is fine with me.

— Would you like me to pick you up or should we meet somewhere else?

— Call me, Boris, Friday night. I appreciate your invitation.

— Это замечательно. Вы смотрите и телепередачи?

— Да. Я смотрю вечерние новости.

— Какой канал вы предпочитаете?

— Я предпочитаю 13-й канал, потому что там нет рекламных вставок.

— А что вы еще смотрите?

— По воскресным вечерам я обычно смотрю «Театр шедевров». Художественный уровень этих телевизионных серий очень высокий.

— У вас, Борис, хороший вкус. А американский бейсбол вам нравится?

— Откровенно говоря, я не интересуюсь бейсболом. Я предпочитаю европейский футбол.

— Некоторые из моих друзей говорят, что надо родиться в Америке, чтобы стать болельщиком бейсбола.

— Да, это верно.

— Значит, сегодня вечером вы собираетесь на фильм Вуди Аллена?

— Думаю, что да. А как насчет того, чтобы поужинать (букв.: пообедать) в хорошем русском ресторане?

— С удовольствием.

— Вы когда-нибудь были в русском ресторане? Там замечательная кухня.

— Я еще там не была.

— Как насчет следующей субботы?

— В субботу мне удобно.

— Вы хотите, чтобы я за вами заехал, или лучше встретимся в другом месте?

— Позвоните мне, Борис, в пятницу вечером. Спасибо за приглашение.

WATCHING TV

Boris: Is there anything interesting on tonight?

Ann *(his American neighbor):* — There's a popular sitcom.

B: Which one?

A: "Golden Girls".

B: When is it on?

A: At 6 P.M. on Channel 5. Do you like this show?

B: I'm interested in watching this kind of situation comedy because of its colloquial style. It enriches my vocabulary.

A: Will you watch the national news?

B: Yes, I will. If you don't mind, we can watch ABC news with Peter Jennings as anchorman.

A: All right. Immediately after that there is the MacNeil/Lehrer Newshour on Channel 13.

B: I like this show. They have sophisticated political and economic analyses.

A: And we'll have a whole hour without any commercial interruptions.

У ТЕЛЕВИЗОРА

Борис: — Есть что-нибудь интересное (по телевизору) сегодня вечером?

Энн *(его соседка, американка):* — Популярная многосерийная *(букв: ситуационная)* комедия.

— Что именно?

— «Золотые девушки».

— В котором часу?

— В 6 часов вечера по пятому каналу. Вам нравится эта передача?

— Меня интересуют такого рода многосерийные комедии из-за их разговорного языка. Они обогащают мой словарный запас.

— Вы будете смотреть общеамериканские новости?

— Да, я буду. Если не возражаете, мы можем смотреть новости станции Эй-би-си с Питером Дженнингсом в роли ведущего.

— Хорошо. Сразу после этого по 13-му каналу идет «час новостей» Макнила — Лерера.

— Я люблю эту передачу. Они дают глубокий политический и экономический анализ (событий).

— В течение целого часа у нас не будет перерывов на рекламу.

* *

*

Mary: What did you watch last night?

Ilya: I was very tired. Therefore I watched some game shows for about an hour. I could have won 20,000 dollars easily.

M: And why didn't you win?

I: Because the studio had not invited me to take part in the show. If I had been a contestant, I would have answered all the questions that had been asked there.

M: Anyway, you enjoyed the game. Maybe some day you'll be a contestant and win a lot of money.

I.: I would go for it. I'd have good chances to succeed.

Мэри: Что вы вчера вечером смотрели по телевидению?

Илья: Я очень устал. Поэтому я в течение часа смотрел передачи викторины. Я легко мог бы выиграть 20.000 долларов.

— А почему же вы не выиграли?

— Потому что телевизионная студия не пригласила меня принять участие в шоу. Если бы я был участником, я мог бы ответить на все вопросы, которые там задавались.

— Во всяком случае, вам викторина понравилась. Может быть, когда-нибудь вы примете участие (в ней) и выиграете кучу денег.

— Я бы рискнул. У меня хорошие шансы выиграть.

*　*

*

John: Do you watch the late night shows?

Natasha: Sometimes I do.

J: Ted Koppel's Nightline promises to be very interesting tonight.

N: I'm going to watch it.

J: I read in today's paper that Koppel is going to touch on extremely important issues.

N: Koppel is a very good host and a smart interviewer.

Джон: — Вы смотрите поздние ночные передачи?

Наташа: — Иногда.

— Сегодняшняя передача «Найтлайн» Тэда Коппела должна быть очень интересной.

— Я собираюсь ее смотреть.

— Я читал в сегодняшней газете, что Коппел затронет очень интересные темы.

— Коппел — очень хороший ведущий и толковый интервьюер.

anchorman	диктор (ведущий программу новостей)
anchorwoman	дикторша (ведущая программу новостей)
newsman	репортер
newsconference	пресс-конференция
prime time	телевизионные передачи с 6 до 11 час. вечера
host	ведущий программу
rating	оценка популярности телепрограммы
live	прямая трансляция (события, репортажа, концерта)
taped	записанная на пленку программа
talk show	разговорная программа (обычно с привлечением отобранной аудитории)
soap opera	общедоступная, развлекательная программа (в дневное время)
series	программа из нескольких частей (с продолжениями)

GOING TO THE MOVIES

John: What about going to the cinema tonight?

Svetlana: Is there anything worth seeing?

J: There is a very good movie on.

S: What is it?

J: It's a new comedy. I heard that the cast is first-rate.

S: Have you read any reviews in the papers?

S: Yes, I have. The movie has received good reviews.

S: I hope I'll be able to understand this American movie.

J: I'm sure you'll understand 90 percent of the dialogues. In many instances, the situation is so funny that everybody understands what is going on.

S: Okay. I hope we won't have to stand in line.

*   *

*

A: What is your favorite type of film?

B: I like comedies and westerns best.

ПОСЕЩЕНИЕ КИНО

— Не пойти ли нам вечером в кино?

— Есть ли что-нибудь стоящее?

— Идет очень хороший фильм.

— Какой?

— Это новая комедия. Я слышал, что исполнители первоклассные.

— Вы читали какую-нибудь рецензию в газетах?

— Да, я читал. Отзывы на фильм были хорошими.

— Надеюсь, что я смогу понять этот американский фильм.

— Я уверен, что вы сможете понять 90 проц. диалогов. Многие ситуации настолько смешные, что все понимают, что происходит.

— Хорошо. Я надеюсь, что нам не придется стоять в очереди.

— Какие фильмы вы больше всего любите?

— Я больше всего люблю комедии и ковбойские фильмы.

A: By the way, what movies are on at the moment?

B: There are several entertaining movies on. There is a movie I'd like to see.

A: What is it about?

B: It is about the adventures of a Frenchman in New York City who tries to get a Green Card.

A: If it's entertaining, they will show it on TV anyway.

B: But there are several disadvantages when a movie is selected for TV audiences. First, it might happen that a movie you are interested in is shown on cable television. Second, you'll have to watch commercials every five minutes. Good films are often shown late at night. Therefore I usually go to the cinema if it's worth while.

A: Your arguments seem very convincing. What else is on?

B: At the moment there is a rather exciting western on. According to the reviews, the director of this movie is especially good.

A: And what about the leading actor?

B: The critics write that Clint Eastwood plays as well as usual.

*   *

*

C: I've the impression that there are less serious films now than there were 10 or 15 years ago.

— Кстати, какие фильмы идут сейчас?

— Сейчас демонстрируются несколько развлекательных фильмов. Один из них я хотел бы посмотреть.

— О чем он?

— Это о приключениях в Нью-Йорке француза, который пытается получить грин-карту.

— Если это развлекательный фильм, то его все равно покажут по ТВ.

— Но показ (букв.: отбор) фильмов телезрителям имеет ряд недостатков. Во-первых, может случиться, что фильм, который вас интересует, покажут только по кабельному телевидению. Во-вторых, вам придется смотреть рекламу каждые пять минут. Часто хорошие фильмы показывают поздно ночью. Поэтому я обычно хожу в кинотеатры, если фильм стоящий.

— Ваши доводы весьма убедительны. Какие еще фильмы идут (сейчас)?

— Сейчас идет довольно увлекательный ковбойский фильм. Согласно рецензиям, особенно хороша работа режиссера.

— А как насчет актера, исполняющего главную роль?

— Критики пишут, что Клинт Иствуд играет, как всегда, хорошо.

— У меня такое впечатление, что теперь меньше серьезных фильмов, чем 10 или 15 лет тому назад.

D: You are perfectly right. Nowadays the movie industry is mostly oriented on entertainment. Psychological conflicts are rather seldom portrayed.

G: That is a pity, don't you think so?

D: Of course, it is. Over the years, Hollywood has changed a lot. Not all those changes are to be welcomed.

— Вы совершенно правы. В последнее время кинопромышленность ориентируется, главным образом, на развлекательность. Психологические конфликты находят свое воплощение довольно редко.

— Это прискорбно, вы согласны?

— Конечно. За последние, годы Голливуд значительно изменился. Не все эти изменения к лучшему *(букв.:* следует приветствовать).

USEFUL WORDS AND EXPRESSIONS

ПОЛЕЗНЫЕ СЛОВА И ВЫРАЖЕНИЯ

movie, film	фильм
documentary	документальный фильм
western	ковбойский фильм
science-fiction film	научно-фантастический фильм
detective; mystery	детектив
(animated) cartoon	мультипликационный фильм
children's film	фильм для детей
dubbed film	дублированный фильм
feature film	художественный фильм
color film	цветной фильм
black-and-white film	черно-белый фильм
thriller	захватывающий фильм
to shoot a film	снимать фильм
to release a film	выпустить фильм
adaptation for the screen	экранизация
the film is on	демонстрируется фильм
subtitle	субтитр
to dub	дублировать
director	режиссер
producer	продюсер

screenwriter, scriptwriter	сценарист
screenplay	сценарий
cameraman	кинооператор

GOING TO THE MUSEUM

Alexander: I'd like to go to some art museums while I'm spending my vacation in New York. Which museums are of special interest?

Jane: The Metropolitan Museum and the Museum of Modern Art.

— As far as I know, the Metropolitan is the largest art museum in the world.

— That's correct. The Metropolitan's collections include art from Egypt, Greece, Rome, Babylon, and Assyria. It has outstanding collections of paintings and sculpture from all periods.

— By the way, do you know when the Metropolitan Museum was founded?

— I'm not sure. Let's look it up in an encyclopedia. Wait a minute. Here it is. It was founded in 1870.

— Thank you. I'll probably go there on Saturday. Is it open on Saturdays?

— Of course, it is open.

— But will it be open if I get there at 6 P.M.?

ПОМЕЩЕНИЕ МУЗЕЯ

Александр: — Во время моего отпуска в Нью-Йорке я хотел бы посетить несколько художественных музеев. Какие музеи представляют особый интерес?

Джейн: — Музей Метрополитен и Музей современного искусства.

— Насколько мне известно, Метрополитен — самый большой художественный музей мира.

— Верно. Музейные собрания Метрополитена включают искусство Египта, Греции, Рима, Вавилона и Ассирии. В Музее находятся выдающиеся собрания картин и скульптур всех (исторических) периодов.

— Кстати, вы не знаете, когда был основан музей Метрополитен?

— Точно не знаю. Заглянем в энциклопедию. Минуту. Вот: музей был основан в 1870 г.

— Спасибо. Я, наверно, пойду туда в субботу. Музей открыт по субботам?

— Конечно, открыт.

— А будет ли музей еще открыт, если я туда попаду к 6 часам вечера?

— No problem. If I'm not wrong, on Saturdays there are extended hours at the Museum.

— And where is the Metropolitan Museum located?

— On Fifth Avenue and 86th Street.

— Is a special exhibit taking place in the Museum?

— One or two exhibits usually take place there. We can call the Metropolitan to ask for more detailed information.

— All right. And what about the Museum of Modern Art?

— There you can find famous paintings from the impressionist and expressionist periods, and contemporary art.

— Do they have a large collection of French impressionists?

— Yes, they do. But besides the museum of Modern Art, impressionists are represented at the Metropolitan and at the Guggenheim Museum.

— Разумеется. Если я не ошибаюсь, по субботам музей закрывается позже (чем в остальные дни).

— А где находится музей Метрополитен?

— На Пятой авеню, у 86-й улицы.

— В настоящее время в музее проходит какая-нибудь специальная выставка?

— В музее обычно устраиваются одновременно одна или две специальные выставки. Можем позвонить в Метрополитен для получения более подробной информации.

— Ладно. А как насчет Музея современного искусства?

— Там можно увидеть знаменитые картины периодов импрессионизма и экспрессионизма, а также произведения современного искусства.

— У них много картин французских импрессионистов?

— Да. Но помимо Музея современного искусства, картины импрессионистов также представлены в музее Метрополитен и в Музее Гуггенгейма.

AT THE BOX OFFICE

Boris: I'd like to hear some good classical music while I'm in town. What would you suggest?

Sam: There are good concerts at Carnegie or at Avery Fisher Hall. If I'm not wrong, Kurt Masur is going to conduct Beethoven's Symphony No. 3, the Eroica.

— That's great. Which orchestra is performing? Is it the New York Philarmonic?

— I'm not shure. Here's the paper. There you'll find the information you need.

*

Boris: Hello.

Box Office Clerk: Yes, sir?

— I'd like a ticket to the New York Philarmonic performance tomorrow night.

— What seat would you like?

— Well, I don't know. I'd like a good seat. What would you advise me?

— There's a very good twenty-dollar orchestra seat left, in the fifth row.

У ТЕАТРАЛЬНОЙ КАССЫ

Борис: — Пока я в Нью-Йорке (букв.: в городе), мне хотелось бы послушать хорошую классическую музыку. Что вы мне посоветуете?

Сэм: — Хорошие концерты бывают в Карнеги-холле и Эвери Фишер-холле. Если я не ошибаюсь, Курт Мазур будет дирижировать Третьей (Героической) симфонией Бетховена.

— Это замечательно. Какой оркестр играет? Нью-Йоркский филармонический?

— Не могу точно сказать. Вот газета. Там вы найдете нужную информацию.

*

Борис: — Здравствуйте.

Кассир: — Слушаю вас, сэр.

— Я хотел бы купить билет на концерт Нью-Йоркского филармонического оркестра, на завтрашний вечер.

— Где вы хотите сидеть?

— Я не знаю. Хотелось бы получить хорошее место. Что бы вы мне посоветовали?

— Осталось очень хорошее место в партере в пятом ряду, за двадцать долларов.

—Okay, I'll take the twenty-dollar ticket.

— You'll enjoy the concert.

— Thanks. I'm sure I will.

— Хорошо. Я возьму этот билет за двадцать долларов.

— Вы получите удовольствие от концерта.

— Спасибо. Я в этом уверен.

* *

*

Olga: — Hi.

Box Office Clerk: — Hello, ma'am.

— Would you accept my credit card?

— For using your credit card, you've to call tele-charge. At the box office, you've to pay cash.

— I see. I'd like two tickets to the musical "Forty Second Street" for the day after tomorrow.

— There are only a few tickets left.

— What about the orchestra?

— All orchestra seats are sold out. The only tickets that are available are thirty-dollar seats in the second row of the dress circle.

— Are these seats in the middle of the row?

— Yes. They are good seats.

— Okay. I'd like to have these two seats.

— Thank you, ma'am. Here is your change.

Ольга: — Здравствуйте.

Кассир: — Добрый день, мадам.

— Вы примете (в уплату) кредитную карточку?

— Для того, чтобы воспользоваться вашей кредитной карточкой, вам следует заказать билеты по телефону. В кассу вы должны платить наличными.

— Понятно. Я хотела бы (купить) два билета на мюзикл «Сорок вторая улица», на послезавтра.

— Осталось всего несколько билетов.

— А в партере?

— Все билеты в партер распроданы. Имеются лишь места во втором ряду бельэтажа стоимостью тридцать долларов.

— Эти места находятся в середине ряда?

— Да. Это хорошие места.

— Ладно. Я возьму эти два билета.

— Спасибо, мадам. Получите сдачу.

AT THE COFFEE SHOP

Customer: What kind of sandwiches do you have?

Attendant: We have cheese, ham, bologna, lettuce and tomato, and tuna fish.

— I'll have the lettuce and tomato.

— How do you want the sandwich — rye, or wheat?

— Rye, please.

— Anything to drink?

— Bring me a Coke, please.

— Okay, sir.

* *

*

Lev: May we see the menu, please?

Waiter: *(handing customers the menu):* — Here you are.

L: Do you serve any hot dishes?

W: The hot dishes are there on the second page. We have soup, veal cutlet, roast beef with gravy, and frankfurters.

L: We'll order in a few minutes. Do you want soup, Ann?

В КАФЕ

Клиент: — Какие у вас сэндвичи?

Официантка: У нас сэндвичи с сыром, ветчиной, вареной колбасой, с салатом и помидорами и с тунцом.

— Мне, пожалуйста, сэндвич с салатом и помидорами.

— Какой хлеб вы хотите для сэндвича — ржаной или пшеничный?

— Ржаной, пожалуйста.

— (Вы будете) что-нибудь пить?

— Принесите мне, пожалуйста, кока-колу.

— Хорошо, сэр.

Лев: — Меню, пожалуйста.

Официант *(подавая клиентам меню):* — Вот, пожалуйста.

— У вас имеются горячие блюда?

— Перечень горячих блюд вы найдете на второй странице. У нас имеются суп, телячья котлета, ростбиф с соусом и сосиски.

— Мы закажем через несколько минут. Вы хотите взять суп, Анна?

Ann: No. If I eat too much at lunch, I become sleepy. But I have to work at the computer.

L: You are right. I won't have soup either. What about the main dish?

A: I'd like to have hot roast beef.

L: So would I.

W: Have you made up your mind?

L: Yes. Two roast beefs, please.

W: Fine. Coffee or tea?

L: For me coffee, please. What about you, Ann?

A: I'd like to have coffee too.

W: Two coffees. Sugar? Milk?

L: Bring us two cups of coffee with sugar, but without milk. I remember, Ann, you like it that way.

— Нет. Если я ем слишком много во время ланча, меня начинает клонить ко сну. А мне предстоит работать на компьютере.

— Вы правы. Я тоже обойдусь без супа. А как насчет второго?

— Я хотела бы заказать горячий ростбиф.

— И я тоже.

— Вы уже обдумали?

— Да. Два ростбифа, пожалуйста.

— Хорошо. Вам кофе или чай?

— Мне, пожалуйста, кофе. А вам, Анна?

— Мне тоже кофе.

— Два кофе. С сахаром? С молоком?

— Принесите нам две чашки кофе с сахаром, но без молока. Я помню, Анна, вы любите именно такой.

*   *

*

Customer: I don't suppose you have a breakfast menu at lunch time.

Attendant: Our breakfast specials go off at ten o'clock. I can give you orange juice and an order of fried eggs. Is that okay with you?

— That's fine. I don't have much appetite at this time of the day.

— Do you want a small or large orange juice?

— Small, please. Could I have a toast?

Клиент: — У вас, наверное, во время ланча уже нет блюд, предназначенных на завтрак?

Официант: — Завтрак у нас кончается в 10 часов. Могу вам принести апельсиновый сок и глазунью. Это вас устраивает?

— Вполне. В это время дня у меня нет особого аппетита.

— Маленькую или большую порцию апельсинового сока?

— Маленькую, пожалуйста. Можно получить гренки?

— Certainly, sir. How do you want your eggs — sunnyside up or turned over?

— Sunny-side up, please.

— Anything else?

— That's all, thank you.

— Конечно, сэр. Как хотите яичницу — желтками кверху или перевернуть?

— Желтками кверху, пожалуйста.

— Еще что-инибудь?

— Это все, спаснбо.

* *

*

Customer: I want two ham sandwiches to go. Also one coffee and one tea.

Attendant: Would you mind stepping down to the end of the counter: The guy down there handles all the orders to go.

— Thank you.

Клиент: — Я хочу взять с собой два сэндвича с ветчиной, а кроме того порцию кофе и порцию чая.

Официант: — Пройдите, пожалуйста, к концу стойки. Вот тот молодой человек занимается всеми заказами на вынос.

— Спаснбо.

USEFUL WORDS
AND EXPRESSIONS

ПОЛЕЗНЫЕ СЛОВА
И ВЫРАЖЕНИЯ

tomato juice	томатный сок
orange juice	апельсиновый сок
apple juice	яблочный сок
oatmeal	овсянка
soft-boiled egg	яйцо в смятку
hard-boiled egg	крутое яйцо
scrambled eggs	яичница (болтушка)
fried eggs	глазунья
ham and eggs	яичница с ветчиной
chicken soup	куриный бульон
vegetable soup	овощной суп
sausage	колбаса
veal	телятина

pork	свинина
lamb	баранина
boiled potatoes	вареная картошка
mashed potatoes	картофельное пюре
fried potatoes	жареная картошка
a coup of black coffee	чашка черного кофе
a glass of milk	стакан молока
tea with lemon	чай с лимоном
soft drinks	безалкогольные напитки
can I have the bill?	дайте мне, пожалуйста, счет

PLANNING A PARTY

Rimma: What about the party you've been talking about?

John: Let's have the party next weekend. How does that sound to you?

Rimma: Okay. Let's go ahead with the party for next weekend.

John: Which night do you prefer — Friday, Saturday, or Sunday?

Rimma. We'd have to get everything ready for the party. Therefore Friday is out of the question. We get home from work at six o'clock. There won't be time left for bringing the house in order and doing the shopping.

John: What about Saturday?

Rimma: I think Saturday is all right.

John: Yes, Saturday will be best.

Rimma: Should we serve some·kind of snack or serve a regular dinner?

John: It's up to you to decide, darling.

Rimma: A dinner is more work than just snacks and drinks, but if we have the party on Saturday, I can get everything ready in advance. Let's serve a dinner.

ГОТОВЯСЬ К ПРИЕМУ ГОСТЕЙ

Римма: — Как насчет той вечеринки, о которой ты говорил?

Джон: — Давай устроим вечеринку в следующий уикэнд. Как ты к этому относишься?

— Ладно. Пусть она будет в следующий уикэнд.

— Какой вечер ты предпочитаешь — в пятницу, субботу или воскресенье?

— Нам надо все приготовить к приему гостей. Поэтому пятница отпадает. Мы возвращаемся с работы в шесть часов. Не хватит времени привести в порядок дом и сделать (необходимые) покупки.

— Как насчет субботы?

— Думаю, суббота подходит.

— Да, лучше всего в субботу.

— Угостим гостей закусками или приготовим настоящий обед?

— Это тебе решать, дорогая.

— С обедом больше возни, чем если будут просто закуски и напитки. Но если мы устроим вечеринку в субботу, я смогу все заранее приготовить. Дадим обед.

John: How many people do you think we should invite?

Rimma: About ten people.

John: Okay. Besides the Samoylovs, the Cherkassovs, the Goreliks, and the Dobbs, there are a couple of people from my office I'd like to invite. Don't you mind inviting them?

Rimma: No problem. On my part, I'd like to invite a woman from my office. She is a newcomer from Moscow. Coming to our party would give her a chance to meet some people.

John: Okay. That makes eleven guests. Should we call them or send them invitation cards?

Rimma: Mailing invitation cards is very formal. Besides, you can't rely on having the mail delivered on time.

John: You are right. What time should we tell them to get here?

Rimma: Since it's going to be Saturday, we can invite them for six o'clock. Does it sound okay to you?

John: I was just thinking of inviting them for six o'clock.

Rimma: What about the menu? Do you have anything special in mind?

John: You are the hostess. You'll work it out. I rely on you.

Rimma: Okay, John. Inviting our guests will be your business.

— Сколько человек, по-твоему, мы пригласим?

— Человек десять.

— Хорошо. Помимо Самойловых, Черкасовых, четы Горелик и Доббов, я хотел бы пригласить двух сослуживцев. Ты не возражаешь?

— Конечно, нет. Со своей стороны, мне хотелось бы пригласить женщину, с которой я вместе работаю. Она новоприбывшая из Москвы. Если она придет на нашу вечеринку, ей представится возможность познакомиться с людьми.

— Договорились. Таким образом, у нас будет (в гостях) одиннадцать человек. Позвонить им по телефону или послать пригласительные открытки?

— Пригласительные открытки — это очень уж официально. Кроме того, нельзя полагаться на то, что почта доставит их вовремя.

— Ты права. На какой час приглашать гостей?

— Так как это будет в субботу, мы можем их позвать к шести часам. Ты согласен?

— Я как раз думал пригласить их к шести часам.

— А как насчет меню? У тебя что-нибудь особое на примете?

— Ты хозяйка. Ты и составишь меню. Я на тебя полагаюсь.

— Хорошо, Джон. А пригласить гостей — это уж ты возьми на себя.

HAVING FRIENDS
FOR DINNER

John: The Cherkassovs are just parking their car. Is dinner ready, Rimma?

Rimma: Everything is ready.

John: Hello, Michael. Hello, Olga. I'm so glad you've come. Let me take your coats.

Michael: How are you, John?

John: Thank you, fine. We haven't seen you for quite a while. Come into the living room, please. How about a drink?

Michael: That's a good idea.

John: What will you drink — a martini, whisky, vodka, or French wine?

Michael: Whisky with ice, please.

John: And you, Olga?

Olga: A glass of wine, please.

Michael: Where's Rimma?

John: She's in the kitchen. She'll be here in a couple of minutes.

*　　*

*

(Yuri and Irene Samoylov are entering the house).

Yuri: Hi, John. Sorry, we're late.

ДРУЗЬЯ ПРИГЛАШЕНЫ
НА ОБЕД

— Черкасовы паркуют машину. Обед готов, Римма?

— Все готово.

— Здравствуйте, Михаил. Здравствуйте, Ольга. Я так рад, что вы приехали. Давайте мне свои пальто.

— Как поживаете, Джон?

— Спасибо, хорошо. Давно мы вас не видели. Заходите, пожалуйста, в гостиную. Будете что-нибудь пить?

— Было бы неплохо...

— Что вы будете пить — мартини, виски, водку или французское вино?

— Виски со льдом, пожалуйста.

— А вы, Ольга?

— Мне, пожалуйста, бокал вина.

— Где же Римма?

— Она на кухне. Через несколько минут она к нам присоединится.

(Входят Юрий и Ирина Самойловы).

— Привет, Джон. Простите, мы опоздали.

John: Hi. You aren't late at all. I'm happy to see you both. And there are the Goreliks too.

(Vadim and Vera Gorelik are entering the house together with Lyuba Shkolnik, a newcomer from Moscow).

John: Hello. Come in, please. I'm so glad to see you. *(Turning to Michael and Olga)* I'd like you to meet our friends. I don't think you've met before *(introducing them).*

John: Would you care for a drink, Vadim? How about a martini?

Vadim: I'd love one, thank you.

John: And what about the ladies?

Vera: No, thank you.

Lyuba: As for me, I'd like to have a glass of wine.

— Привет. Вы вовсе не опоздали. Я так рад вас видеть. А вот и Горелики.

(Входят Вадим и Вера Горелик в сопровождении Любы Школьник, недавно прибывшей из Москвы).

— Здравствуйте. Входите, пожалуйста. Рад вас видеть. *(Обращаясь к Михаилу и Ольге)* Познакомьтесь с нашими друзьями. Вы ведь раньше не встречались? *(Гости знакомятся).*

— Хотите чего-нибудь выпить, Вадим? Может быть, мартини?

— Спасибо, с удовольствием.

— А дамы?

— Нет, спасибо.

— Ну, а я с удовольствием выпью бокал вина.

* *

*

(Four other guests are arriving. The guests are being introduced to each other).

Rimma: — Good evening, everybody. Here we are. Dinner's ready. Come to the table, please.

Olga: — Everything looks wonderful, and it smells delicious.

Rimma: — Shall I serve you?

Michael: — Rimma, put the salad in the middle of the table. We can help ourselves. Sit down and relax.

Rimma: — All right. Help yourselves to the snacks, too. *(John is pouring the wine).*

(Прибывают остальные четыре гостя. Знакомятся друг с другом).

— Добрый вечер. Ну, вот. Обед готов. Прошу всех к столу.

— Все выглядит очень аппетитно *(букв.: чудесно)* и замечательно пахнет.

— Поухаживать за вами?

— Римма, поставьте салат посередине стола, и мы возьмем себе сами. Вы присаживайтесь и отдохните.

— Ладно. Берите себе и закуски. *(Джон разливает вино).*

Michael: — When did you come to this country, Lyuba?	— Когда вы приехали в Америку, Люба?
Lyuba: — Three months ago.	— Три месяца тому назад.
Olga: — Have you come with your family?	— Вы здесь с семьей?
Lyuba: With my brother.	— С братом.
Olga: — Have you got a job?	— Вы устроились на работу?
Lyuba: — Yes. I was lucky enough to find a job as a (computer) programmer.	— Да. Мне повезло. Я нашла работу программиста.
Rimma: — Lyuba is my colleague. We work at the same company.	— Мы с Любой коллеги. Работаем в одной фирме.
Vadim: — And what about your brother? Does he work?	— А что с вашим братом? Он работает?
Lyuba: — He's just been offered a job. Now he'll start working as an electrical engineer. It's his special field. After so much inactivity, it is good to start working again.	— Ему как раз предложили работу. Теперь он приступит к работе как инженер-электрик. Это по его специальности. После столь затяжного «отдыха» приятно снова начать трудиться.
Michael: — Rimma, the chicken is delicious.	— Римма, курица очень вкусная.
Rimma: — Would you like some more of it?	— Хотите добавку?
Michael: — Oh, no. Thanks.	— О, нет, спасибо.

*   *

*

Vadim: — It's been a fabulous evening.	— Вечер был замечательным.
Michael: — It was nice of you to invite us.	— Спасибо, что вы нас пригласили.
John: — It was our pleasure.	— И нам было очень приятно.
Lyuba: — Thanks. We enjoyed ourselves a lot.	— Спасибо. Мы так хорошо провели время.
John: — Good night.	— Спокойной ночи.

BUYING A PRESENT

In a Jewelry Store

Saleswoman: — May I help you, sir?

Boris: — Yes, I'd like to buy a birthday present for my wife.

— All right. What exactly are you looking for?

— That's the problem. I've not yet decided what kind of present it should be. Maybe you could give me some advice.

— Sure. Let me show you earrings.

— No, thank you. I gave my wife earrings last year.

— Maybe a bracelet? We have a wide choice of bracelets. I guess you prefer bracelets made of gold?

— It depends on the price.

— These bracelets are very expensive.

— Well, maybe you could show me some rings, then.

ПОКУПКА ПОДАРКА

В ювелирном магазине

Продавщица: Чем могу помочь?

Борис: Я хотел бы купить моей жене подарок к дню рождения.

— Хорошо. Что именно вас интересует *(букв.: что вы ищете)*?

— Вот в этом все дело. Я еще не решил, каким должен быть подарок. Может быть, вы могли бы мне посоветовать?

— Конечно. Позвольте мне показать вам серьги.

— Нет, спасибо. Я подарил моей жене серьги в прошлом году.

— Тогда, может быть, браслет? У нас большой выбор браслетов. Я полагаю, вы предпочитаете золотой браслет.

— Это зависит от цены.

— Эти браслеты очень дорогие.

— Ладно, может быть, вы тогда покажете мне кольца.

*   *

*

In a Bookstore

Olga: Do you work here?

Salesclerk: Yes, ma'am.

— Where is your art department?

— In front of you.

— Thank you. Maybe you could give me some advice.

— Gladly.

— I'm looking for a book on French impressionists. I need it as a gift.

— We have an excellent edition. It is translated from French. Just a minute. Here you are.

— I like this book. There are numerous illustrations.

— These are first-rate illustrations.

— Okay. How much is it?

— 49 dollars.

В книжном магазине

Ольга: Вы здесь работаете?

Продавец: Да, мадам.

— Где у вас находится отдел искусства?

— Прямо перед вами.

— Спасибо. Не могли бы вы дать мне совет?

— С удовольствием.

— Я ищу книгу о французских импрессионистах. Я хочу сделать подарок (*букв.:* она мне нужна как подарок).

— У нас превосходное издание. Это перевод с французского. Одну минуту. Вот, пожалуйста.

— Мне нравится эта книга. Здесь много иллюстраций.

— Эти иллюстрации превосходны.

— Хорошо. Сколько стоит книга?

— 49 долларов.

*　*

*

In a Record Store

Lev: I'm looking for Igor Stravinsky's "The Rite of Spring".

Saleswoman: CD's or cassettes?

— A CD, please.

— Let me find it... Here you are. You can choose between two famous conductors — Zubin Mehta and Andre Previn.

В магазине грамзаписи

Лев: Я хотел бы купить (*букв:* я ищу) «Весну священную» Игоря Стравинского.

Продавщица: Компактные диски или кассеты?

— Компактный диск, пожалуйста.

— Сейчас я найду его. Вот, пожалуйста. Вы можете выбрать одного из двух знаменитых дирижеров — Зубина Мета или Андре Превена.

— Andre Previn conducting the London Symphony Orchestra?

— Exactly. You'll love it.

— It's not for me. It's for my brother.

— Андре Превен дирижирует Лондонским симфоническим оркестром?

— Совершенно верно. Вам это понравится.

— Это не для меня. Это для моего брата.

* *

*

In a Toy Store

В магазине игрушек

Mrs. Yurovsky: Hello. I'm trying to find a nice toy for a seven-year old girl. Maybe you could help me?

Salesclerk. Of course. I'll show you some dolls. Does she play with dolls?

— I guess so.

— Besides domestic dolls, we have a wide choice of imported ones. There are even dolls from Japan.

— Do you have anything educational?

— Yes. There are various educational games. Should you be interested in electronic toys, a variety of them are available too.

Г-жа Юровская: Здравствуйте. Я пытаюсь найти хорошую игрушку для семилетней девочки. Не могли бы вы мне помочь?

Продавец: Конечно. Я покажу вам несколько кукол. Она играет в куклы?

— Кажется да.

— Помимо отечественных кукол, у нас есть большой выбор импортных. Есть даже куклы из Японии.

— Есть ли у вас что-нибудь образовательное?

— Да. У нас есть различные образовательные игры. Если вас интересуют электронные игрушки, то они у нас в большом ассортименте.

USEFUL WORDS AND EXPRESSIONS

ПОЛЕЗНЫЕ СЛОВА И ВЫРАЖЕНИЯ

guarantee, warranty

to exchange a purchase for another one

to keep the receipt

гарантия

обменять покупку на другой товар

сохранять квитанцию

the guarantee is for a year	гарантия действительна в течение года
this flower basket would make a lovely gift	эта корзина цветов — очень хороший подарок
to have a bunch of flowers sent to somebody's address.	посылать букет цветов по чьему-л. адресу.

PLANNING A VACATION

Jim: When are you planning to take your vacation?

Olga: At the end of September.

Jim: You aren't going to stay in New York, are you?

Olga: No, I'm not. I'm going with my husband to San Francisco.

Jim: Have you already made your airplane and hotel reservations?

Olga: We've made reservations for the flight to San Francisco. For our return flight, we'll board a plane in Los Angeles.

Jim: And what about your accomodations?

Olga: I think in October hotel or motel reservations won't be a problem.

Jim: You are probably right. Since you'll travel during the offseason, you'll be better off. Air fares are cheaper. Getting around in California seems to be easier too in October.

Olga: I fully agree. Three years ago, we went to Cape Cod in August. It was very crowded. Therefore we didn't enjoy our trip.

ОТПУСКНЫЕ ПЛАНЫ

— Когда вы собираетесь взять отпуск?

— В конце сентября.

— Вы, по-видимому, не останетесь в Нью-Йорке?

— Нет. Мы с мужем отправимся в Сан-Франциско.

— Вы уже заказали билеты на самолет и номер в гостинице?

— Мы заказали билеты на самолет до Сан-Франциско. Обратно полетим из Лос-Анджелеса.

— А где вы остановитесь?

— Я думаю, что в октябре заказать номер в гостинице или мотеле будет нетрудно.

— Вы, наверно, правы. Поскольку вы будете путешествовать не в туристский сезон, у вас будут преимущества. Авиабилеты дешевле. Да и путешествовать по Калифорнии в октябре, по-видимому, будет легче.

— Вполне согласна. Три года тому назад мы поехали на Кейп-Код в августе. Там была масса народа. Поэтому поездка нам не понравилась.

Jim: How long are you planning to stay in San Francisco?

Olga: About three days. Then we'll rent a car to get to other places in California.

Jim: Are you going to take route No 1? That's the highway between San Francisco and Los Angeles.

Olga: Exactly. We'll stay in Monterey for a day. I was told it's a picturesque place.

Jim: That's right.

Olga: Maybe we'll stay in Carmel too. My friends told me that it is one of the most beautiful places in America.

Jim: Do you have friends in California?

Olga: We have close friends in Santa Monica. That's near Los Angeles.

Jim: I know. I was there several years ago. Driving on route No 1 is a real delight. The route runs along the Pacific coast.

Olga: What about you? When are you planning to take your vacation?

Jim: I don't know yet. Maybe I'll go to Florida in December or January. It's warm there in the winter. I like both summer and winter vacations.

Olga: Take part of your vacation now and the rest of it in December or January.

USEFUL WORDS
AND EXPRESSIONS

round trip

round trip airfare

— Сколько времени вы собираетесь провести в Сан-Франциско?

— Дня три. Потом мы арендуем машину, чтобы побывать в других местах Калифорнии.

— Вы поедете по дороге № 1? Это шоссе между Сан-Франциско и Лос-Анджелесом.

— Точно. Мы проведем один день в Монтерее. Мне сказали, что это живописное место.

— Совершенно верно.

— Может быть, мы еще остановимся в Кармеле. Мои приятели сказали мне, что это одно из самых красивых мест в Америке.

— У вас есть друзья в Калифорнии?

— У нас есть близкие друзья в Санта-Монике. Это недалеко от Лос-Анджелеса.

— Я знаю. Я был там несколько лет назад. Ехать на машине по дороге № 1 — настоящее удовольствие. Дорога идет вдоль тихоокеанского побережья.

— А вы? Когда вы собираетесь взять отпуск?

— Я пока не знаю. Может быть, я поеду во Флориду в декабре или в январе. Зимой там тепло. Я люблю брать отпуск как летом, так и зимой.

— Возьмите часть отпуска сейчас, а остальные дни — в декабре или в январе.

ПОЛЕЗНЫЕ СЛОВА
И ВЫРЖЕНИЯ

поездка (полет) туда и обратно

авиабилет в оба конца

hotel accomodation	номер в гостинице
departure	отправление
offseason	вне сезона
guided tour	тур с экскурсоводом
cruise	круиз
to rent a car	взять автомобиль напрокат
itinerary	маршрут (путешествие по дням)
transfer (from the airport to the hotel)	транспорт (от аэропорта в гостиницу)
sightseeing	осмотр достопримечательностей
duty free	без пошлин

TRAVELER'S CHECKS
AND FOREIGN CURRENCY

— Next, please. What can I do for you?

— I'd like to buy some traveler's checks.

— All right. Do you have proper identification?

— Of course. Here is my driver's license. I need traveler's checks for a total of 600 dollars.

— What denomination would you like — fifty, twenty, or ten dollar checks?

— Twenties will be fine. What's the service charge?

— It's two percent.

— Okay.

— Here you are. Sign each check on this line. I'll have your change in a minute.

— What about the signature on the bottom?

— You'll sign it there when exchanging it for foreign currency, or purchasing some items here or overseas.

— I see.

ТУРИСТСКИЕ ЧЕКИ
И ОБМЕН ВАЛЮТЫ

— Кто следующий? (*букв.:* следующий, пожалуйста). Чем могу служить?

— Я хотел бы купить туристские чеки.

— Хорошо. У вас есть удостоверение личности?

— Конечно. Вот мои водительские права. Мне нужны туристские чеки на общую сумму в 600 долларов.

— Чеки какого достоинства вы хотели бы получить — по пятьдесят, двадцать или десять долларов?

— Чеки по двадцать долларов. Сколько стоит эта услуга?

— Два процента (от общей суммы).

— Ладно.

— Получите (пожалуйста). Подпишите каждый чек вот здесь. Я вам сейчас принесу сдачу.

— А как насчет подписи внизу (чека)?

— Вы распишитесь там, когда будете менять чеки на иностранную валюту или покупать какие-либо товары здесь или за границей.

— Понятно.

— Put your signature on the bottom only in the presence of an authorized person. Just a moment. *(A minute later)*. Here is your change.

— Thank you.

*   *

*

— I'd like to buy this tape recorder, but I don't have enough cash on me.

— Do you have a credit card?

— No, I don't. Do you accept traveler's checks?

— Yes, of course.

— Good.

— Do you have an ID card?

— Is my passport all right?

— Yes, that's fine.

*   *

*

Jane: How are you, Boris?

Boris: I had bad luck in Munich. I lost some of my traveler's checks.

— Did you get your checks replaced?

— Yes, but it was very complicated. I went to the office on Rockefeller Plaza. The woman there asked me how much I had lost, where it had happened, and what the check numbers were. Thank God I had written them down.

— Ставьте подпись внизу только в присутствии уполномоченного лица. Один момент. *(Спустя минуту)*. Вот ваша сдача.

— Спасибо.

— Я хотел бы купить этот магнитофон, но у меня нет с собой достаточной суммы наличных денег.

— У вас есть кредитная карточка?

— Нет. Вы принимаете туристские чеки?

— Да, конечно.

— Хорошо.

— У вас есть удостоверение личности?

— Мой паспорт годится?

— Да, вполне.

Джейн: Как дела, Борис?

Борис: В Мюнхене мне не повезло. Я (там) потерял часть своих туристских чеков.

— Вам возместили стоимость ваших чеков?

— Да, но это было очень сложно. Я отправился в контору, находящуюся на Рокфеллер-Плаза. Женщина меня там спросила, на какую сумму и где я потерял чеки и каковы были номера потерянных чеков. Слава Богу, я их записал.

— That doesn't sound bad.

— But that's not the whole story. She wanted to know where I had bought the traveler's checks. Then I had to give her my passport number. She called the agent of the refund office and gave him the information.

— Were there any other formalities involved in getting back your money?

— Yes. Quite a few. When I got to the refund office, I had to fill out a form with all the same information on it. Then finally the agent okayed the thing and went to see his supervisor who initialed it. Only then I got my money back.

— At least it didn't cost you anything.

— If I hadn't had the numbers, I wouldn't have got back my money.

*   *

*

Vladimir: I'd like to change US dollars for German marks.

Teller: How many dollars do you want to change?

— 300 dollars. What's the exchang rate?

— Just a moment. I'll check today's rates.

— Вроде все хорошо.

— Но это еще не все. Она хотела знать, где я приобрел туристские чеки. Затем я должен был указать номер паспорта. Она позвонила агенту конторы, ведающей возвратом денег, и сообщила ему эти сведения.

— Требовалось выполнить еще какие-либо формальности, чтобы деньги вернули?

— Да, немало. Когда я пришел в контору по возврату денег, мне пришлось внести те же сведения в анкету. Наконец, агент утвердил возврат и отправился к начальнику, который завизировал документ. Только тогда я получил свои деньги.

— Вам это по крайней мере ничего не стоило.

— Если бы у меня не были записаны номера, я денег не получил бы.

— **Владимир:** Я хотел бы поменять американские доллары на германские марки.

— **Кассир:** Сколько долларов вы хотите обменять?

— 300 долларов. Каков обменный курс?

— Минутку. Я проверю сегодняшний курс.

USEFUL WORDS AND EXPRESSIONS

to carry traveler's checks

to keep a record of one's checks

insurance against loss

running out of money

service charge

short of cash

C.O.D. (cash on delivery)

exchange rate

money transfer

to exchange US dollars for French francs, British pounds etc.

the dollar has gained a few points

the dollar has fallen

to cash traveler's checks

small change

ПОЛЕЗНЫЕ СЛОВА И ВЫРАЖЕНИЯ

брать с собой туристские чеки

вести учет своим чекам

страховка на случай потери *(чеков и т. д.)*

нехватка денег

оплата услуг

недостаток наличных денег

наложенным платежом

обменный курс

денежный перевод

обменивать американские доллары на французские франки, британские фунты стерлинги и т. п.

доллар поднялся на несколько пунктов

доллар упал

обменять туристские чеки на наличные деньги

мелочь

AT THE AIRPORT

Boris Novikov: Excuse me. Where can I check in for an Eastern Airlines flight?

Information: Go up to the escalator on your right. Then turn left and you'll get there.

B. N.: Thanks a lot.

I.: You're welcome.

*

B. N.: Do I check in here for Eastern Flight 230 to Los Angeles?

Clerk: Your ticket, please.

B. N.: Here you are. I'd like a window seat, please.

Clerk: Fine. Seat 24A. Put your luggage up here, please.

B. N.: I have three pieces. I would like to carry this small suitcase with me.

Clerk: All right. Your flight's now boarding at Gate 14.

B. N.: And where is Gate 14?

Clerk: Go down Concourse B. Follow the signs to your right. You'll see your gate there.

В АЭРОПОРТУ

— Простите, где я могу зарегистрироваться для полета самолетом компании Истерн Эрлайнс?

— Поднимитесь на эскалаторе справа от вас. Затем поверните налево и вы туда попадете.

— Большое спасибо.

— Пожалуйста.

*

— Здесь регистрируют билеты на рейс 230 компании Истерн Эрлайнс в Лос-Анджелес?

— Покажите ваш билет, пожалуйста.

— Вот он. Я хотел бы сидеть у окна.

— Хорошо. Ваше место 224 А. Поставьте, пожалуйста, свой багаж сюда.

— У меня три места. Мне хотелось бы взять с собой этот маленький чемодан.

— Хорошо. Как раз производится посадка на ваш рейс у выхода № 14.

— А где находится выход № 14?

— Спуститесь в зал Б. Следите за указательными знаками справа от вас. Вы увидите там нужный вам выход на посадку.

Airport Officer: Could you put all your carry-on luggage on the belt, please?

B. N.: My camera too?

F. J.: Yes, sir, everything. Now go back and come through the detector. You have some metal with you, sir.

B. N.: I'm sorry. I left my keys in my pocket.

A. O.: Take them out of your pocket and put them on the belts. Now step through again. Fine, thank you. Have a good flight.

B. N.: Okay, thanks.

— Поставьте, пожалуйста, весь ручной багаж на конвейерную ленту.

— И мой фотоаппарат (положить) тоже?

— Да, сэр, все, что у вас с собой. А теперь вернитесь и пройдите через детектор. У вас, сэр, при себе есть какие-то металлические предметы *(букв.:* металл).

— Простите. Я забыл, что у меня ключи в кармане.

— Выньте их из кармана и положите на конвейерную ленту. Пройдите теперь снова. Благодарю вас. Счастливого полета.

— Спасибо.

* *

*

"Good morning, ladies and gentlemen. This is your captain speaking. I'd like to welcome you aboard Eastern's Flight 230 to Los Angeles. We're flying at an altitude of 35000 feet. Our speed is 550 miles per hour. We'll land in Los Angeles in three hours at 1 P.M. local time. The temperature in Los Angeles is 75° Fahrenheit. Our flight attendants will serve lunch in a few minutes. Enjoy your flight."

«Доброе утро, дамы и господа. Говорит ваш капитан. Приветствую вас на борту самолета компании Истерн Эрлайнс, совершающего рейс № 230 в Лос-Анджелес. Мы летим на высоте 35000 футов. Скорость 550 миль в час. Мы приземлимся в Лос-Анджелесе через три часа, в час дня по местному времени. Температура в Лос-Анджелесе 75° по Фаренгейту. Через несколько минут наши стюардессы подадут вам ланч. Приятного полета!»

USEFUL WORDS
AND EXPRESSIONS

arrival

departure

ПОЛЕЗНЫЕ СЛОВА
И ВЫРАЖЕНИЯ

прибытие

отлет

flight	рейс
to check one's reservation	проверить заказанные билеты
boarding	посадка
boarding ticket	посадочный талон
air terminal	аэровокзал
gate	выход (на посадку)
to catch a flight	попасть во-время на самолет
customs declaration	таможенная декларация
waiting area	зал ожидания
baggage claim area	место получения багажа
information (desk)	справочное бюро

BACK FROM VACATION

Boris: Hi, Jane. How did you spend your vacation?

Jane: Hi, Boris. We had a wonderful time. The weather was beautiful.

— I'm glad. Where did you go?

— We drove to Maine. There we found a quiet and peaceful place. We had a real rest there. And where did you go?

— We used to spend our vacation in this country. But this year we decided to see Paris and other French cities. It was our first vacation trip to Western Europe.

— I hope you enjoyed your trip.

— We had the best vacation in years.

— Did you stay at a hotel?

— No. In Paris, we stayed with our Russian friends who have been living there about 15 years.

— You were lucky enough to be with friends in Paris. As far as I know, in France you need a minimum knowledge of French.

ВОЗВРАЩЕНИЕ ИЗ ОТПУСКА

— Привет, Джейн. Как вы провели свой отпуск?

— Привет, Борис. Мы прекрасно провели время. Была замечательная погода.

— Я рад (за вас). Куда вы поехали?

— Мы на машине поехали в штат Мэн. Там мы нашли тихое, спокойное место. Это был настоящий отдых. А вы куда поехали?

— Обычно мы проводили наш отпуск в Америке. Но в этом году мы решили ознакомиться с Парижем и другими городами Франции. Это было наше первое путешествие в Западную Европу.

— Надеюсь, что вы получили удовольствие от поездки.

— Это был лучший отпуск за много лет.

— Вы остановились в гостинице?

— Нет. В Париже мы гостили у наших русских друзей, живущих там (уже) почти 15 лет.

— Вам повезло, что вы были в Париже с друзьями. Насколько мне известно, во Франции необходимо (хотя бы) минимальное знание французского языка.

104

— That's correct. English is spoken there only in expensive hotels and restaurants. In the provinces, only rare Frenchmen speak some English.

— I know. I was in Paris several years ago. Like numerous American tourists, I assumed that most Frenchmen understand English. But I was wrong. I guess you did a lot of sightseeing in Paris.

— Yes. Thanks to our friends, we saw many points of interest.

— Did you go to other French cities, too?

— Our friends took us to Nice.

— Did you drive?

— No, we went by train. French trains are very fast and convenient. It took us about nine hours to get from Paris to Nice. There we stayed in a motel.

— After your French trip, you probably need some rest. Aren't you tired?

— No, not at all. It was a fascinating trip. I don't feel tired.

— Совершенно верно. По-английски говорят там только в дорогих гостиницах и ресторанах. В провинции только очень немногие французы могут объясниться по-английски.

— Я знаю. Я была в Париже несколько лет тому назад. Как и многие американские туристы, я предполагала, что большинство французов говорят по-английски. Но я ошиблась. Наверно, в Париже вы осмотрели много достопримечательностей.

— Да. Благодаря нашим друзьям мы смогли увидеть много интересного.

— Вы побывали и в других городах Франции?

— Наши друзья взяли нас с собой в Ниццу.

— Вы ездили (туда) на машине?

— Нет, поездом. Поезда во Франции очень быстроходные и удобные. Поездка из Парижа в Ниццу заняла около девяти часов. Там мы остановились в мотеле.

— После поездки во Францию вам, наверно, нужен отдых. Вы не устали?

— Ничуть. Это была интереснейшая поездка. Я совсем не устал.

BUYING A HOUSE
IN THE SUBURBS

Seeing a House

Vera Chernyak and her husband Volodya want to buy a house in the suburbs. Vera is with the real estate agent now.

Real Estate Agent: That's the house I told you about. The owners are on vacation, but I have the keys.

Vera: Okay. When was the house built?

— In 1959.

— The roof seems to be new.

— It was put on a year ago.

— Let's get in.

— That's the living room. As you can see, it is very large.

— Is there central heating here?

— Yes, there is. Central heating was put in five years ago.

— What about air conditioning?

— There is air conditioning in the house.

— Let's see the kitchen.

— Here we are. The stove and the refrigerator are pretty new.

ПОКУПКА ДОМА
В ПРИГОРОДЕ

Осмотр дома

Вера Черняк и ее муж Володя хотят купить дом в пригороде. Вера встретилась с агентом по продаже недвижимого имущества.

Агент: Вот дом, о котором я вам говорил. Владельцы находятся в отпуске, но ключи у меня.

Вера: Хорошо. Когда этот дом был построен?

— В 1959 (году).

— Крыша, похоже, новая.

— Ее поставили год назад.

— Зайдемте.

— Это — гостиная. Как видите, она очень просторная.

— Здесь центральное отопление?

— Да. Центральное отопление было проведено пять лет тому назад.

— А как насчет кондиционирования воздуха?

— В доме имеется система кондиционирования воздуха.

— Давайте посмотрим кухню.

— Вот она. Плита и холодильник совсем новые.

— There are three bedrooms upstairs, aren't there?

— That's correct. Do you want to see them?

— Yes, I do.

*

— Now I would like to see the garage.

— Let's go there. It's behind the house.

— Is it a two-car garage?

— Yes. It's built of brick with a tiled roof.

— I have a twelve-year old son. Does a school bus pass somewhere in the neighborhood?

— On the corner of Fisher Avenue and Parsons Boulevard. It's within walking distance.

*

— What about the price?

— 300,000 dollars, including my commission.

— It's a very high price. We could come to an agreement if you could lower the price.

— It's not expensive at all. There are a lot of similar houses in the same neighborhood. They are even more expensive.

— I've to discuss the problem with my husband. As soon as I've made up my mind, I'll let you know.

— Наверху имеются три спальни, не так ли?

— Совершенно верно. Хотите их посмотреть?

— Да.

*

— Теперь я хотела бы взглянуть на гараж.

— Пойдем туда. Гараж находится позади дома.

— Это — гараж для двух машин?

— Да. Он кирпичный, а крыша — черепичная.

— У меня двенадцатилетний сын. Проходит ли где-нибудь поблизости школьный автобус?

— На углу Фишер-авеню и бульвара Парсонс. Туда легко дойти пешком.

*

— А как насчет цены (дома)?

— 300.000 долларов, включая мои комиссионные.

— Это очень дорого. Мы могли бы прийти к соглашению, если бы вы уступили в цене.

— Это вовсе не дорого. В этом же районе имеется много похожих домов. Они еще дороже.

— Мне надо обсудить это (букв.: этот вопрос) с моим мужем. Как только я приму решение, я дам вам знать.

An Old Friend's Advice

Vera: Hi, John.

John: Hi, Vera. How have you been?

— I was very busy. I was looking for a house in the suburbs. It's a rather nice house that has been shown to me. Volodya and I have not yet made up our mind. The house is too expensive: 300,000 dollars. We hope to find something for a more reasonable price. I need your advice, John. You are so experienced in these matters.

— How far is the house you've been shown from the city?

— About 30 miles.

— I see. That's about half an hour drive. If you're looking for a less expensive house, you should try to find something that is further away in the country.

— Namely?

— I mean houses that are at a 75 miles distance from the city.

— Yeah. It's clear enough. Then you have to drive at least an hour and a half each way.

— Before making up your mind, you have to shop around. As far as I understand, you've seen only one house that was shown to you by the real estate agent.

— Shopping around takes a lot of time, and we are always busy.

— But that is the only way to find a house for a reasonable price.

Советы старого друга

Вера: Привет, Джон.

Джон: Привет, Вера. Как дела?

— Я была очень занята. Я ищу дом в пригороде. Мне показали довольно красивый дом. Мы с Володей еще не решили (покупать ли его). Дом слишком дорогой: 300.000 долларов. Мы надеемся найти что-нибудь за более подходящую цену. Мне нужен твой совет, Джон. У тебя такой большой опыт в таких делах.

— Далеко ли от города этот дом, который тебе показали?

— Около 30 миль.

— Понятно. Это около получаса езды на машине. Если тебе нужен (если ты ищешь) менее дорогой дом, поищи что-нибудь подальше от города.

— А именно?

— Я имею в виду дома на расстоянии 75 миль от города.

— Да, понимаю. Туда нужно добираться машиной по крайней мере полтора часа в одну сторону.

— Прежде чем принять решение, надо прицениваться. Насколько я понял, ты видела только один дом, который был показан агентом по продаже недвижимого имущества.

— Но на это уходит много времени, а мы вечно заняты.

— Однако это единственная возможность подыскать дом за подходящую цену.

— As usual, you are right, John. Next Sunday it's Volodya's turn to shop around.

— Why don't you go together?

— We decided to do it in turns. As soon as we find something suitable, we'll go together to examine it.

— Having your own home is part of the American dream. What the would-be buyers don't anticipate are a number of responsibilities that come along with it.

— What do you have in mind?

— There are an infinite number of things to be taken care of — such as plumbing, painting, mowing, shoveling, and repairing, just to name a few.

— I know — a lot of work is to be done.

— Just to keep the house in order, you and your husband will be busy all your weekends.

— I'm aware of it, John. That's the way it is.

USEFUL WORDS
AND EXPRESSIONS

real estate

realty firm

mortgage
single-family house

— Как всегда, ты прав, Джон. Следующее воскресенье — очередь Володи заниматься поисками.

— Почему бы вам не отправиться вместе?

— Мы решили делать это по очереди. Как только мы найдем что-нибудь подходящее, мы поедем вместе для осмотра.

— Быть владельцем собственного дома — (неотъемлемая) часть американской мечты. Однако будущие покупатели обычно не предвидят, что с этим связан целый ряд обязанностей.

— Что ты имеешь в виду?

— Надо заботиться о массе вещей — как, например, водопроводная система, покраска, стрижка газона, уборка снега и всякого рода починки — и это еще далеко не все.

— Я знаю. Предстоит уйма работы.

— Чтобы содержать дом в порядке, тебе и твоему супругу придется трудиться все уикэнды.

— Я знаю, Джон, что дело обстоит именно так.

ПОЛЕЗНЫЕ СЛОВА
И ВЫРАЖЕНИЯ

1. недвижимое имущество.
2. отрасль бизнеса, связанная с недвижимым имуществом

фирма, занимающаяся куплей и продажей недвижимости

ипотека; закладная

односемейный дом

residential area	жилой район
housing	1. жилище, жилое помешение 2. жилищные условия
condo (condominium)	кондоминиум
co-op apartment	кооперативная квартира
apartment building	многоквартирный дом
realtor	агент про продаже недвижимости

A CATALOG OF SELECTED
DOVER BOOKS
IN ALL FIELDS OF INTEREST

A CATALOG OF SELECTED DOVER
BOOKS IN ALL FIELDS OF INTEREST

CONCERNING THE SPIRITUAL IN ART, Wassily Kandinsky. Pioneering work by father of abstract art. Thoughts on color theory, nature of art. Analysis of earlier masters. 12 illustrations. 80pp. of text. 5⅜ x 8½. 23411-8 Pa. $3.95

ANIMALS: 1,419 Copyright-Free Illustrations of Mammals, Birds, Fish, Insects, etc., Jim Harter (ed.). Clear wood engravings present, in extremely lifelike poses, over 1,000 species of animals. One of the most extensive pictorial sourcebooks of its kind. Captions. Index. 284pp. 9 x 12. 23766-4 Pa. $12.95

CELTIC ART: The Methods of Construction, George Bain. Simple geometric techniques for making Celtic interlacements, spirals, Kells-type initials, animals, humans, etc. Over 500 illustrations. 160pp. 9 x 12. (USO) 22923-8 Pa. $9.95

AN ATLAS OF ANATOMY FOR ARTISTS, Fritz Schider. Most thorough reference work on art anatomy in the world. Hundreds of illustrations, including selections from works by Vesalius, Leonardo, Goya, Ingres, Michelangelo, others. 593 illustrations. 192pp. 7⅛ x 10¼. 20241-0 Pa. $9 95

CELTIC HAND STROKE-BY-STROKE (Irish Half-Uncial from "The Book of Kells"): An Arthur Baker Calligraphy Manual, Arthur Baker. Complete guide to creating each letter of the alphabet in distinctive Celtic manner. Covers hand position, strokes, pens, inks, paper, more. Illustrated. 48pp. 8¼ x 11. 24336-2 Pa. $3.95

EASY ORIGAMI, John Montroll. Charming collection of 32 projects (hat, cup, pelican, piano, swan, many more) specially designed for the novice origami hobbyist. Clearly illustrated easy-to-follow instructions insure that even beginning papercrafters will achieve successful results. 48pp. 8¼ x 11. 27298-2 Pa. $2.95

THE COMPLETE BOOK OF BIRDHOUSE CONSTRUCTION FOR WOOD-WORKERS, Scott D. Campbell. Detailed instructions, illustrations, tables. Also data on bird habitat and instinct patterns. Bibliography. 3 tables. 63 illustrations in 15 figures. 48pp. 5¼ x 8½. 24407-5 Pa. $2.50

BLOOMINGDALE'S ILLUSTRATED 1886 CATALOG: Fashions, Dry Goods and Housewares, Bloomingdale Brothers. Famed merchants' extremely rare catalog depicting about 1,700 products: clothing, housewares, firearms, dry goods, jewelry, more. Invaluable for dating, identifying vintage items. Also, copyright-free graphics for artists, designers. Co-published with Henry Ford Museum & Greenfield Village. 160pp. 8¼ x 11. 25780-0 Pa. $9.95

HISTORIC COSTUME IN PICTURES, Braun & Schneider. Over 1,450 costumed figures in clearly detailed engravings–from dawn of civilization to end of 19th century. Captions. Many folk costumes. 256pp. 8⅜ x 11¾. 23150-X Pa. $12.95

STICKLEY CRAFTSMAN FURNITURE CATALOGS, Gustav Stickley and L. & J. G. Stickley. Beautiful, functional furniture in two authentic catalogs from 1910. 594 illustrations, including 277 photos, show settles, rockers, armchairs, reclining chairs, bookcases, desks, tables. 183pp. 6½ x 9¼. 23838-5 Pa. $9.95

AMERICAN LOCOMOTIVES IN HISTORIC PHOTOGRAPHS: 1858 to 1949, Ron Ziel (ed.). A rare collection of 126 meticulously detailed official photographs, called "builder portraits," of American locomotives that majestically chronicle the rise of steam locomotive power in America. Introduction. Detailed captions. xi + 129pp. 9 x 12. 27393-8 Pa. $12.95

AMERICA'S LIGHTHOUSES: An Illustrated History, Francis Ross Holland, Jr. Delightfully written, profusely illustrated fact-filled survey of over 200 American lighthouses since 1716. History, anecdotes, technological advances, more. 240pp. 8 x 10¾. 25576-X Pa. $12.95

TOWARDS A NEW ARCHITECTURE, Le Corbusier. Pioneering manifesto by founder of "International School." Technical and aesthetic theories, views of industry, economics, relation of form to function, "mass-production split" and much more. Profusely illustrated. 320pp. 6⅛ x 9¼. (USO) 25023-7 Pa. $9.95

HOW THE OTHER HALF LIVES, Jacob Riis. Famous journalistic record, exposing poverty and degradation of New York slums around 1900, by major social reformer. 100 striking and influential photographs. 233pp. 10 x 7⅞. 22012-5 Pa. $10.95

FRUIT KEY AND TWIG KEY TO TREES AND SHRUBS, William M. Harlow. One of the handiest and most widely used identification aids. Fruit key covers 120 deciduous and evergreen species; twig key 160 deciduous species. Easily used. Over 300 photographs. 126pp. 5⅜ x 8½. 20511-8 Pa. $3.95

COMMON BIRD SONGS, Dr. Donald J. Borror. Songs of 60 most common U.S. birds: robins, sparrows, cardinals, bluejays, finches, more—arranged in order of increasing complexity. Up to 9 variations of songs of each species. Cassette and manual 99911-4 $8.95

ORCHIDS AS HOUSE PLANTS, Rebecca Tyson Northen. Grow cattleyas and many other kinds of orchids—in a window, in a case, or under artificial light. 63 illustrations. 148pp. 5⅜ x 8½. 23261-1 Pa. $4.95

MONSTER MAZES, Dave Phillips. Masterful mazes at four levels of difficulty. Avoid deadly perils and evil creatures to find magical treasures. Solutions for all 32 exciting illustrated puzzles. 48pp. 8¼ x 11. 26005-4 Pa. $2.95

MOZART'S DON GIOVANNI (DOVER OPERA LIBRETTO SERIES), Wolfgang Amadeus Mozart. Introduced and translated by Ellen H. Bleiler. Standard Italian libretto, with complete English translation. Convenient and thoroughly portable—an ideal companion for reading along with a recording or the performance itself. Introduction. List of characters. Plot summary. 121pp. 5¼ x 8½. 24944-1 Pa. $2.95

TECHNICAL MANUAL AND DICTIONARY OF CLASSICAL BALLET, Gail Grant. Defines, explains, comments on steps, movements, poses and concepts. 15-page pictorial section. Basic book for student, viewer. 127pp. 5⅜ x 8½. 21843-0 Pa. $4.95

BRASS INSTRUMENTS: Their History and Development, Anthony Baines. Authoritative, updated survey of the evolution of trumpets, trombones, bugles, cornets, French horns, tubas and other brass wind instruments. Over 140 illustrations and 48 music examples. Corrected and updated by author. New preface. Bibliography. 320pp. 5⅜ x 8½. 27574-4 Pa. $9.95

HOLLYWOOD GLAMOR PORTRAITS, John Kobal (ed.). 145 photos from 1926-49. Harlow, Gable, Bogart, Bacall; 94 stars in all. Full background on photographers, technical aspects. 160pp. 8⅜ x 11¼. 23352-9 Pa. $11.95

MAX AND MORITZ, Wilhelm Busch. Great humor classic in both German and English. Also 10 other works: "Cat and Mouse," "Plisch and Plumm," etc. 216pp. 5⅜ x 8½. 20181-3 Pa. $6.95

THE RAVEN AND OTHER FAVORITE POEMS, Edgar Allan Poe. Over 40 of the author's most memorable poems: "The Bells," "Ulalume," "Israfel," "To Helen," "The Conqueror Worm," "Eldorado," "Annabel Lee," many more. Alphabetic lists of titles and first lines. 64pp. 5$\frac{3}{16}$ x 8¼. 26685-0 Pa. $1.00

PERSONAL MEMOIRS OF U. S. GRANT, Ulysses Simpson Grant. Intelligent, deeply moving firsthand account of Civil War campaigns, considered by many the finest military memoirs ever written. Includes letters, historic photographs, maps and more. 528pp. 6⅛ x 9¼. 28587-1 Pa. $11.95

AMULETS AND SUPERSTITIONS, E. A. Wallis Budge. Comprehensive discourse on origin, powers of amulets in many ancient cultures: Arab, Persian Babylonian, Assyrian, Egyptian, Gnostic, Hebrew, Phoenician, Syriac, etc. Covers cross, swastika, crucifix, seals, rings, stones, etc. 584pp. 5⅜ x 8½. 23573-4 Pa. $12.95

RUSSIAN STORIES/PYCCKNE PACCKA3bl: A Dual-Language Book, edited by Gleb Struve. Twelve tales by such masters as Chekhov, Tolstoy, Dostoevsky, Pushkin, others. Excellent word-for-word English translations on facing pages, plus teaching and study aids, Russian/English vocabulary, biographical/critical introductions, more. 416pp. 5⅜ x 8½. 26244-8 Pa. $8.95

PHILADELPHIA THEN AND NOW: 60 Sites Photographed in the Past and Present, Kenneth Finkel and Susan Oyama. Rare photographs of City Hall, Logan Square, Independence Hall, Betsy Ross House, other landmarks juxtaposed with contemporary views. Captures changing face of historic city. Introduction. Captions. 128pp. 8¼ x 11. 25790-8 Pa. $9.95

AIA ARCHITECTURAL GUIDE TO NASSAU AND SUFFOLK COUNTIES, LONG ISLAND, The American Institute of Architects, Long Island Chapter, and the Society for the Preservation of Long Island Antiquities. Comprehensive, well-researched and generously illustrated volume brings to life over three centuries of Long Island's great architectural heritage. More than 240 photographs with authoritative, extensively detailed captions. 176pp. 8¼ x 11. 26946-9 Pa. $14.95

NORTH AMERICAN INDIAN LIFE: Customs and Traditions of 23 Tribes, Elsie Clews Parsons (ed.). 27 fictionalized essays by noted anthropologists examine religion, customs, government, additional facets of life among the Winnebago, Crow, Zuni, Eskimo, other tribes. 480pp. 6⅛ x 9¼. 27377-6 Pa. $10.95

FRANK LLOYD WRIGHT'S HOLLYHOCK HOUSE, Donald Hoffmann. Lavishly illustrated, carefully documented study of one of Wright's most controversial residential designs. Over 120 photographs, floor plans, elevations, etc. Detailed perceptive text by noted Wright scholar. Index. 128pp. 9¼ x 10¾. 27133-1 Pa. $11.95

THE MALE AND FEMALE FIGURE IN MOTION: 60 Classic Photographic Sequences, Eadweard Muybridge. 60 true-action photographs of men and women walking, running, climbing, bending, turning, etc., reproduced from rare 19th-century masterpiece. vi + 121pp. 9 x 12. 24745-7 Pa. $10.95

1001 QUESTIONS ANSWERED ABOUT THE SEASHORE, N. J. Berrill and Jacquelyn Berrill. Queries answered about dolphins, sea snails, sponges, starfish, fishes, shore birds, many others. Covers appearance, breeding, growth, feeding, much more. 305pp. 5¼ x 8¼. 23366-9 Pa. $8.95

GUIDE TO OWL WATCHING IN NORTH AMERICA, Donald S. Heintzelman. Superb guide offers complete data and descriptions of 19 species: barn owl, screech owl, snowy owl, many more. Expert coverage of owl-watching equipment, conservation, migrations and invasions, etc. Guide to observing sites. 84 illustrations. xiii + 193pp. 5⅜ x 8½. 27344-X Pa. $8.95

MEDICINAL AND OTHER USES OF NORTH AMERICAN PLANTS: A Historical Survey with Special Reference to the Eastern Indian Tribes, Charlotte Erichsen-Brown. Chronological historical citations document 500 years of usage of plants, trees, shrubs native to eastern Canada, northeastern U.S. Also complete identifying information. 343 illustrations. 544pp. 6½ x 9¼. 25951-X Pa. $12.95

STORYBOOK MAZES, Dave Phillips. 23 stories and mazes on two-page spreads: Wizard of Oz, Treasure Island, Robin Hood, etc. Solutions. 64pp. 8¼ x 11. 23628-5 Pa. $2.95

NEGRO FOLK MUSIC, U.S.A., Harold Courlander. Noted folklorist's scholarly yet readable analysis of rich and varied musical tradition. Includes authentic versions of over 40 folk songs. Valuable bibliography and discography. xi + 324pp. 5⅜ x 8½. 27350-4 Pa. $7.95

MOVIE-STAR PORTRAITS OF THE FORTIES, John Kobal (ed.). 163 glamor, studio photos of 106 stars of the 1940s: Rita Hayworth, Ava Gardner, Marlon Brando, Clark Gable, many more. 176pp. 8⅜ x 11¼. 23546-7 Pa. $12.95

BENCHLEY LOST AND FOUND, Robert Benchley. Finest humor from early 30s, about pet peeves, child psychologists, post office and others. Mostly unavailable elsewhere. 73 illustrations by Peter Arno and others. 183pp. 5⅜ x 8½. 22410-4 Pa. $6.95

YEKL and THE IMPORTED BRIDEGROOM AND OTHER STORIES OF YIDDISH NEW YORK, Abraham Cahan. Film Hester Street based on Yekl (1896). Novel, other stories among first about Jewish immigrants on N.Y.'s East Side. 240pp. 5⅜ x 8½. 22427-9 Pa. $6.95

SELECTED POEMS, Walt Whitman. Generous sampling from *Leaves of Grass.* Twenty-four poems include "I Hear America Singing," "Song of the Open Road," "I Sing the Body Electric," "When Lilacs Last in the Dooryard Bloom'd," "O Captain! My Captain!"—all reprinted from an authoritative edition. Lists of titles and first lines. 128pp. 5³⁄₁₆ x 8¼. 26878-0 Pa. $1.00

THE BEST TALES OF HOFFMANN, E. T. A. Hoffmann. 10 of Hoffmann's most important stories: "Nutcracker and the King of Mice," "The Golden Flowerpot," etc. 458pp. 5⅜ x 8½.   21793-0 Pa. $9.95

FROM FETISH TO GOD IN ANCIENT EGYPT, E. A. Wallis Budge. Rich detailed survey of Egyptian conception of "God" and gods, magic, cult of animals, Osiris, more. Also, superb English translations of hymns and legends. 240 illustrations. 545pp. 5⅜ x 8½.   25803-3 Pa. $11.95

FRENCH STORIES/CONTES FRANÇAIS: A Dual-Language Book, Wallace Fowlie. Ten stories by French masters, Voltaire to Camus: "Micromegas" by Voltaire; "The Atheist's Mass" by Balzac; "Minuet" by de Maupassant; "The Guest" by Camus, six more. Excellent English translations on facing pages. Also French-English vocabulary list, exercises, more. 352pp. 5⅜ x 8½.   26443-2 Pa. $8.95

CHICAGO AT THE TURN OF THE CENTURY IN PHOTOGRAPHS: 122 Historic Views from the Collections of the Chicago Historical Society, Larry A. Viskochil. Rare large-format prints offer detailed views of City Hall, State Street, the Loop, Hull House, Union Station, many other landmarks, circa 1904-1913. Introduction. Captions. Maps. 144pp. 9⅜ x 12¼.   24656-6 Pa. $12.95

OLD BROOKLYN IN EARLY PHOTOGRAPHS, 1865-1929, William Lee Younger. Luna Park, Gravesend race track, construction of Grand Army Plaza, moving of Hotel Brighton, etc. 157 previously unpublished photographs. 165pp. 8⅞ x 11¾.
                                                                                                                        23587-4 Pa. $13.95

THE MYTHS OF THE NORTH AMERICAN INDIANS, Lewis Spence. Rich anthology of the myths and legends of the Algonquins, Iroquois, Pawnees and Sioux, prefaced by an extensive historical and ethnological commentary. 36 illustrations. 480pp. 5⅜ x 8½.   25967-6 Pa. $8.95

AN ENCYCLOPEDIA OF BATTLES: Accounts of Over 1,560 Battles from 1479 B.C. to the Present, David Eggenberger. Essential details of every major battle in recorded history from the first battle of Megiddo in 1479 B.C. to Grenada in 1984. List of Battle Maps. New Appendix covering the years 1967-1984. Index. 99 illustrations. 544pp. 6½ x 9¼.   24913-1 Pa. $14.95

SAILING ALONE AROUND THE WORLD, Captain Joshua Slocum. First man to sail around the world, alone, in small boat. One of great feats of seamanship told in delightful manner. 67 illustrations. 294pp. 5⅜ x 8½.   20326-3 Pa. $5.95

ANARCHISM AND OTHER ESSAYS, Emma Goldman. Powerful, penetrating, prophetic essays on direct action, role of minorities, prison reform, puritan hypocrisy, violence, etc. 271pp. 5⅜ x 8½.   22484-8 Pa. $6.95

MYTHS OF THE HINDUS AND BUDDHISTS, Ananda K. Coomaraswamy and Sister Nivedita. Great stories of the epics; deeds of Krishna, Shiva, taken from puranas, Vedas, folk tales; etc. 32 illustrations. 400pp. 5⅜ x 8½.   21759-0 Pa. $10.95

BEYOND PSYCHOLOGY, Otto Rank. Fear of death, desire of immortality, nature of sexuality, social organization, creativity, according to Rankian system. 291pp. 5⅜ x 8½.
                                                                                                                        20485-5 Pa. $8.95

A THEOLOGICO-POLITICAL TREATISE, Benedict Spinoza. Also contains unfinished Political Treatise. Great classic on religious liberty, theory of government on common consent. R. Elwes translation. Total of 421pp. 5⅜ x 8½. 20249-6 Pa. $9.95

MY BONDAGE AND MY FREEDOM, Frederick Douglass. Born a slave, Douglass became outspoken force in antislavery movement. The best of Douglass' autobiographies. Graphic description of slave life. 464pp. 5⅜ x 8½. 22457-0 Pa. $8.95

FOLLOWING THE EQUATOR: A Journey Around the World, Mark Twain. Fascinating humorous account of 1897 voyage to Hawaii, Australia, India, New Zealand, etc. Ironic, bemused reports on peoples, customs, climate, flora and fauna, politics, much more. 197 illustrations. 720pp. 5⅜ x 8½. 26113-1 Pa. $15.95

THE PEOPLE CALLED SHAKERS, Edward D. Andrews. Definitive study of Shakers: origins, beliefs, practices, dances, social organization, furniture and crafts, etc. 33 illustrations. 351pp. 5⅜ x 8½. 21081-2 Pa. $8.95

THE MYTHS OF GREECE AND ROME, H. A. Guerber. A classic of mythology, generously illustrated, long prized for its simple, graphic, accurate retelling of the principal myths of Greece and Rome, and for its commentary on their origins and significance. With 64 illustrations by Michelangelo, Raphael, Titian, Rubens, Canova, Bernini and others. 480pp. 5⅜ x 8½. 27584-1 Pa. $9.95

PSYCHOLOGY OF MUSIC, Carl E. Seashore. Classic work discusses music as a medium from psychological viewpoint. Clear treatment of physical acoustics, auditory apparatus, sound perception, development of musical skills, nature of musical feeling, host of other topics. 88 figures. 408pp. 5⅜ x 8½. 21851-1 Pa. $10.95

THE PHILOSOPHY OF HISTORY, Georg W. Hegel. Great classic of Western thought develops concept that history is not chance but rational process, the evolution of freedom. 457pp. 5⅜ x 8½. 20112-0 Pa. $9.95

THE BOOK OF TEA, Kakuzo Okakura. Minor classic of the Orient: entertaining, charming explanation, interpretation of traditional Japanese culture in terms of tea ceremony. 94pp. 5⅜ x 8½. 20070-1 Pa. $3.95

LIFE IN ANCIENT EGYPT, Adolf Erman. Fullest, most thorough, detailed older account with much not in more recent books, domestic life, religion, magic, medicine, commerce, much more. Many illustrations reproduce tomb paintings, carvings, hieroglyphs, etc. 597pp. 5⅜ x 8½. 22632-8 Pa. $11.95

SUNDIALS, Their Theory and Construction, Albert Waugh. Far and away the best, most thorough coverage of ideas, mathematics concerned, types, construction, adjusting anywhere. Simple, nontechnical treatment allows even children to build several of these dials. Over 100 illustrations. 230pp. 5⅜ x 8½. 22947-5 Pa. $7.95

DYNAMICS OF FLUIDS IN POROUS MEDIA, Jacob Bear. For advanced students of ground water hydrology, soil mechanics and physics, drainage and irrigation engineering, and more. 335 illustrations. Exercises, with answers. 784pp. 6⅛ x 9¼. 65675-6 Pa. $19.95

SONGS OF EXPERIENCE: Facsimile Reproduction with 26 Plates in Full Color, William Blake. 26 full-color plates from a rare 1826 edition. Includes "The Tyger," "London," "Holy Thursday," and other poems. Printed text of poems. 48pp. 5¼ x 7. 24636-1 Pa. $4.95

OLD-TIME VIGNETTES IN FULL COLOR, Carol Belanger Grafton (ed.). Over 390 charming, often sentimental illustrations, selected from archives of Victorian graphics—pretty women posing, children playing, food, flowers, kittens and puppies, smiling cherubs, birds and butterflies, much more. All copyright-free. 48pp. 9¼ x 12¼. 27269-9 Pa. $5.95

PERSPECTIVE FOR ARTISTS, Rex Vicat Cole. Depth, perspective of sky and sea, shadows, much more, not usually covered. 391 diagrams, 81 reproductions of drawings and paintings. 279pp. 5⅜ x 8½. 22487-2 Pa. $6.95

DRAWING THE LIVING FIGURE, Joseph Sheppard. Innovative approach to artistic anatomy focuses on specifics of surface anatomy, rather than muscles and bones. Over 170 drawings of live models in front, back and side views, and in widely varying poses. Accompanying diagrams. 177 illustrations. Introduction. Index. 144pp. 8⅜ x11¼. 26723-7 Pa. $8.95

GOTHIC AND OLD ENGLISH ALPHABETS: 100 Complete Fonts, Dan X. Solo. Add power, elegance to posters, signs, other graphics with 100 stunning copyright-free alphabets: Blackstone, Dolbey, Germania, 97 more–including many lower-case, numerals, punctuation marks. 104pp. 8⅛ x 11. 24695-7 Pa. $8.95

HOW TO DO BEADWORK, Mary White. Fundamental book on craft from simple projects to five-bead chains and woven works. 106 illustrations. 142pp. 5⅜ x 8. 20697-1 Pa. $4.95

THE BOOK OF WOOD CARVING, Charles Marshall Sayers. Finest book for beginners discusses fundamentals and offers 34 designs. "Absolutely first rate . . . well thought out and well executed."–E. J. Tangerman. 118pp. 7¾ x 10⅝. 23654-4 Pa. $6.95

ILLUSTRATED CATALOG OF CIVIL WAR MILITARY GOODS: Union Army Weapons, Insignia, Uniform Accessories, and Other Equipment, Schuyler, Hartley, and Graham. Rare, profusely illustrated 1846 catalog includes Union Army uniform and dress regulations, arms and ammunition, coats, insignia, flags, swords, rifles, etc. 226 illustrations. 160pp. 9 x 12. 24939-5 Pa. $10.95

WOMEN'S FASHIONS OF THE EARLY 1900s: An Unabridged Republication of "New York Fashions, 1909," National Cloak & Suit Co. Rare catalog of mail-order fashions documents women's and children's clothing styles shortly after the turn of the century. Captions offer full descriptions, prices. Invaluable resource for fashion, costume historians. Approximately 725 illustrations. 128pp. 8⅜ x 11¼. 27276-1 Pa. $11.95

THE 1912 AND 1915 GUSTAV STICKLEY FURNITURE CATALOGS, Gustav Stickley. With over 200 detailed illustrations and descriptions, these two catalogs are essential reading and reference materials and identification guides for Stickley furniture. Captions cite materials, dimensions and prices. 112pp. 6½ x 9¼. 26676-1 Pa. $9.95

EARLY AMERICAN LOCOMOTIVES, John H. White, Jr. Finest locomotive engravings from early 19th century: historical (1804–74), main-line (after 1870), special, foreign, etc. 147 plates. 142pp. 11⅜ x 8¼. 22772-3 Pa. $10.95

THE TALL SHIPS OF TODAY IN PHOTOGRAPHS, Frank O. Braynard. Lavishly illustrated tribute to nearly 100 majestic contemporary sailing vessels: Amerigo Vespucci, Clearwater, Constitution, Eagle, Mayflower, Sea Cloud, Victory, many more. Authoritative captions provide statistics, background on each ship. 190 black-and-white photographs and illustrations. Introduction. 128pp. 8⅞ x 11¾. 27163-3 Pa. $13.95

THE INFLUENCE OF SEA POWER UPON HISTORY, 1660–1783, A. T. Mahan. Influential classic of naval history and tactics still used as text in war colleges. First paperback edition. 4 maps. 24 battle plans. 640pp. 5⅜ x 8½. 25509-3 Pa. $12.95

THE STORY OF THE TITANIC AS TOLD BY ITS SURVIVORS, Jack Winocour (ed.). What it was really like. Panic, despair, shocking inefficiency, and a little heroism. More thrilling than any fictional account. 26 illustrations. 320pp. 5⅜ x 8½. 20610-6 Pa. $8.95

FAIRY AND FOLK TALES OF THE IRISH PEASANTRY, William Butler Yeats (ed.). Treasury of 64 tales from the twilight world of Celtic myth and legend: "The Soul Cages," "The Kildare Pooka," "King O'Toole and his Goose," many more. Introduction and Notes by W. B. Yeats. 352pp. 5⅜ x 8½. 26941-8 Pa. $8.95

BUDDHIST MAHAYANA TEXTS, E. B. Cowell and Others (eds.). Superb, accurate translations of basic documents in Mahayana Buddhism, highly important in history of religions. The Buddha-karita of Asvaghosha, Larger Sukhavativyuha, more. 448pp. 5⅜ x 8½. 25552-2 Pa. $9.95

ONE TWO THREE . . . INFINITY: Facts and Speculations of Science, George Gamow. Great physicist's fascinating, readable overview of contemporary science: number theory, relativity, fourth dimension, entropy, genes, atomic structure, much more. 128 illustrations. Index. 352pp. 5⅜ x 8½. 25664-2 Pa. $8.95

ENGINEERING IN HISTORY, Richard Shelton Kirby, et al. Broad, nontechnical survey of history's major technological advances: birth of Greek science, industrial revolution, electricity and applied science, 20th-century automation, much more. 181 illustrations. ". . . excellent . . ."–Isis. Bibliography. vii + 530pp. 5⅜ x 8¼. 26412-2 Pa. $14.95

DALÍ ON MODERN ART: The Cuckolds of Antiquated Modern Art, Salvador Dalí. Influential painter skewers modern art and its practitioners. Outrageous evaluations of Picasso, Cézanne, Turner, more. 15 renderings of paintings discussed. 44 calligraphic decorations by Dalí. 96pp. 5⅜ x 8½. (USO) 29220-7 Pa. $4.95

ANTIQUE PLAYING CARDS: A Pictorial History, Henry René D'Allemagne. Over 900 elaborate, decorative images from rare playing cards (14th–20th centuries): Bacchus, death, dancing dogs, hunting scenes, royal coats of arms, players cheating, much more. 96pp. 9¼ x 12¼. 29265-7 Pa. $11.95

MAKING FURNITURE MASTERPIECES: 30 Projects with Measured Drawings, Franklin H. Gottshall. Step-by-step instructions, illustrations for constructing handsome, useful pieces, among them a Sheraton desk, Chippendale chair, Spanish desk, Queen Anne table and a William and Mary dressing mirror. 224pp. 8⅛ x 11¼. 29338-6 Pa. $13.95

THE FOSSIL BOOK: A Record of Prehistoric Life, Patricia V. Rich et al. Profusely illustrated definitive guide covers everything from single-celled organisms and dinosaurs to birds and mammals and the interplay between climate and man. Over 1,500 illustrations. 760pp. 7½ x 10⅛. 29371-8 Pa. $29.95

Prices subject to change without notice.

Available at your book dealer or write for free catalog to Dept. GI, Dover Publications, Inc., 31 East 2nd St., Mineola, N.Y. 11501. Dover publishes more than 500 books each year on science, elementary and advanced mathematics, biology, music, art, literary history, social sciences and other areas.